© Verlag Zabert Sandmann
München
1. Auflage 2014
ISBN 978-3-89883-447-6

Grafische Gestaltung	Georg Feigl, Irene Schulz
Foodfotografie	Susie Eising (Eising Studio I Food Photo & Video)
Foodstyling	Michael Koch
Rezeptküche	Monika Reiter, Gerlinde Hans
Redaktion	Eva-Maria Hege, Birte Welte, Martina Solter
Redaktionelle Mitarbeit	Karin Kerber, Ulrich Pramann
Herstellung & Lithografie	Jan Russok, Peter Karg-Cordes
Druck & Bindung	Mohn Media Mohndruck GmbH, Gütersloh

 Beim Druck dieses Buchs wurde durch den innovativen Einsatz der Kraft-Wärme-Kopplung im Vergleich zum herkömmlichen Energieeinsatz bis zu 52 % weniger CO_2 emittiert.

Lizenziert durch die FC Bayern München AG

Besuchen Sie uns auch im Internet unter www.zsverlag.de

Alfons Schuhbeck

MEINE FC BAYERN FITNESSKÜCHE
mit höchster Energiequalität

Inhalt

Vorwort von Dr. Hans-Wilhelm Müller-Wohlfahrt — 6

Blick hinter die Kulissen –
Interview mit Alfons Schuhbeck — 8

Sporternährung — 12

Der Energiebedarf aktiver Menschen — 14
Ernährungstipps für Freizeitsportler — 16
Mein Konzept der Energiequalität — 18
Kohlenhydrate – die Leistungsträger — 22
Eiweiß – lebenswichtiger Baustoff — 26
Fett – Dickmacher oder Fitmacher? — 30
Vitamine & Mineralstoffe – essenziell — 32
Unser Wasserhaushalt — 36
Die 5 besten Garmethoden — 38

Frühstück, Snacks & Drinks — 40

Vorspeisen & Salate — 58

Suppen & Eintöpfe — 78

Gemüse, Kartoffeln & Co. — 96

Pasta — 116

Fisch & Meeresfrüchte — 138

Geflügel & Fleisch — 158

Desserts & Gebäck — 180

Stichwortverzeichnis, Bildnachweis und
Rezeptregister — 196

Gute Ernährung ist ein wichtiger Baustein der Gesundheit

Schon als Jugendlicher, als aktiver Sportler (Mehrkampf in der Leichtathletik), war mir das Essen sehr wichtig. Unsere Mutter schien zu wissen, was uns Kindern – drei Brüder, alle leidenschaftliche Sportler, guttat und was wir brauchten. Die meisten Zutaten kamen aus dem eigenen Garten. Aus heutiger Sicht bewundere ich im Nachhinein ihre Kochkünste sehr, zumal wir ja dauernd Hunger hatten.

Das, was wir täglich essen und trinken, hat eine zentrale Bedeutung für unsere Gesundheit. Deshalb ist die richtige Auswahl der Lebensmittel für mich wie Medizin. Sie ist eine Medizin, die wir Sportler für unsere Leistung benötigen, die aber auch für unser Wohlbefinden ganz allgemein wichtig ist. Gutes Essen baut uns auf und gibt uns das schöne Gefühl, etwas für uns selbst getan zu haben. Daher kann ich als Mannschaftsarzt des FC Bayern die abwechslungsreiche Küche, die Alfons Schuhbeck uns Sportlern seit so vielen Jahren anbietet, nur gutheißen.

Alfons ist ein Profi auf seinem Gebiet, dem es beim Essen nicht nur um den Geschmack, sondern auch um die Art der Zubereitung, die Auswahl der Lebensmittel und das Aromatisieren mit seinen wunderbaren Gewürzen geht. Um sich immer wieder inspirieren zu lassen und um Neues zu entdecken, geht er auf Reisen, probiert Aromen und fremdländische Gerichte aus und wandelt diese für uns um. Unsere Sportler kommen ja auch aus den unterschiedlichsten Regionen, Ländern, Kontinenten, und da muss man schon umfangreiche Kenntnis von der Vielfalt kulinarischer Möglichkeiten haben.

Essen bedeutet für mich Genuss, aber nicht nur das. Gemeinsam und bewusst zu essen, ohne jede Ablenkung, führt zu Entspannung. Grundsätzlich sollten wir daher alle Mahlzeiten mit Bewusstsein einnehmen, wohlwissend, was uns nährt und uns guttut. Unser Körper trägt uns ein Leben lang und vollbringt Höchstleistungen. Wir müssen daher achtsam mit ihm umgehen und ihm alles geben, was er braucht: wichtige Nährstoffe wie Eiweiß, Vitamine, Mineralien und Spurenelemente, ausreichend Flüssigkeit, aber auch Bewegung, Training und Entspannung. Sonst lässt uns unser Körper im Stich. Wir haben bei uns zu Hause immer sehr bewusst gegessen, den Lebensmitteln Wertschätzung entgegenzubringen war für mich und meine Familie selbstverständlich.

Worum es beim Essen aber genau geht, erfahren Sie auf den folgenden Seiten. Hier finden Sie alles über die zentralen Bausteine einer gesunden und sinnvollen Ernährung.

VORWORT

Als Sportmediziner fasziniert mich dieses vielseitige und doch so präzise Zusammenspiel von unzähligen Funktionen und Abläufen im Körper, das sich auf allen Ebenen wiederholt, von der kleinsten Zelle bis hin zu den Organen, Gelenken, Bändern und Muskeln.

Und warum spielt die Nahrung eine so große Rolle? Alles, was wir zu uns nehmen, wird in unzählige Bausteine zerlegt und gelangt in die Zellen, um hier für die Regeneration bzw. Reparaturarbeiten zur Verfügung zu stehen. Das müssen wir uns immer wieder klarmachen, denn, wenn wir zum Beispiel Industrieprodukte essen oder zu viel Süßes und schlechte Fette, dann gelangt keine hohe Qualität in die Zellen, dann muss der Körper bei der Neubildung von Gewebe bzw. bei der Zellerneuerung Kompromisse eingehen. Daher sollten wir nur hochwertige Lebensmittel kaufen und essen. Frisches Gemüse, Biofleisch, ein wilder Fisch – das sind Geschenke der Natur, und ihre Nährstoffe dürfen nicht durch falsche Zubereitung zerstört, sondern müssen in Energiespender umgewandelt werden.

Ganz sicher ist dieses Buch eine sehr gute Inspiration, um einmal anders zu frühstücken, leichter zu Mittag oder weniger zu Abend zu essen. Ich würde mir wünschen, dass noch mehr Profi- und

Freizeitsportler von Alfons lernen, sich ein gutes Beispiel nehmen und sich auch zu Hause bewusst ernähren. Wir Sportler, und auch ich als Sportmediziner, müssen uns immer wieder um- und neu einstellen. Routine gibt es in unserem Alltag selten. Abwechslung ist die Würze in unserem Leben, das trifft auch und im wörtlichen Sinne auf die Küche von Alfons Schuhbeck zu.

In diesem Sinne wünsche ich Ihnen einen gesunden Appetit.

Dr. Hans-Wilhelm Müller-Wohlfahrt

Blick hinter die Kulissen

INTERVIEW MIT ALFONS SCHUHBECK

Der FC Bayern München zählt seit Jahrzehnten zu den erfolgreichsten Fußballvereinen der Welt. Sie kochen seit 27 Jahren für die Mannschaft. Können Sie sagen, um wie viel Prozent sich die Fitness der Spieler durch optimale Ernährung verbessern lässt?

Schwer zu sagen. Ich glaube, es ist immer ein Zusammenspiel. Die Spieler müssen natürlich richtig trainieren, aber sie sollten auch vernünftig essen – das heißt ausgewogen und abwechslungsreich. Das ist bei Sportlern ganz wichtig. Optimale Ernährung kann den Meter ausmachen, den du schneller bist, wenn es darauf ankommt. Alle Profis sind ja sehr gut trainiert, Kondition haben auch alle. Entscheidend ist, dass du bei länger andauerndem Verbrauch und Verschleiß deiner Kräfte noch durchhalten kannst. Und das geht nur, wenn du das Maximum an Vitaminen und Mineralien aus den Lebensmitteln herausholst.

Auf was achten Sie vor allem, wenn Sie für die Fußballprofis kochen?

Das Wichtigste ist, dass wir die besten Zutaten und vor allem die besten Öle und Fette verwenden. Und natürlich müssen Garmethode und Temperatur stimmen – das ist der Schlüssel beim Kochen. Die meisten Menschen kochen zu heiß. Nehmen wir z. B. ein Steak. Hier ist es wichtig, das Fleisch nur bei mittlerer Hitze in der Pfanne zu braten, damit möglichst wenig Eiweiß zerstört wird, also dem Körper für den Aufbau von Muskeln zur Verfügung steht. Oder Gemüse: Ich muss schauen, dass möglichst viele Vitamine erhalten bleiben. Das bleiben sie aber nicht, wenn ich das Gemüse in kochendem Wasser weich gare. Wesentlich besser ist es, Gemüse zu dünsten oder zu dämpfen.

Warum?

Beim Dämpfen, wenn das Gemüse also auf einem Dämpfeinsatz liegt und bei geschlossenem Topfdeckel über kochendem Wasser im aufsteigenden Dampf gart, gehen nur 15 bis 20 Prozent der hitzeempfindlichen Vitamine wie Vitamin C oder Vitamin B_1 verloren. Und nicht 50 Prozent wie beim Kochen in Wasser. Zudem ist Dämpfen eine sehr fettarme Methode. Wir geben erst kurz vor dem Servieren ein bisserl Olivenöl auf das Gemüse, um das Aroma herauszukitzeln.

Macht die richtige Garmethode so viel aus?

Oh ja. Der Hauptfehler, der gemacht wird, ist, dass das Gemüse in zu viel Öl zu heiß angebraten wird. Dabei werden die wertvollen einfach und mehrfach ungesättigten Fettsäuren im Öl zu schädlichen Trans-Fettsäuren umgebaut. Sie stehen dann den rund 100 Billionen Körperzellen und 100 Milliarden Nervenzellen nicht zur Verfügung, obwohl sie dringend gebraucht werden, damit Sportler optimale Leistung bringen können. Frittiertes und in viel Fett Gebratenes sollte besser gar nicht oder nur selten auf den Tisch kommen. Der Schlüssel beim Kochen sind und bleiben die Temperatur und der gefühlvolle und respektvolle Umgang mit dem Produkt. Auch die Ausgewogenheit von Fisch, Fleisch, Geflügel, Gemüse und basischen Kohlenhydratlieferanten wie Kartoffeln ist ganz, ganz wichtig. Der Körper ist eh oft übersäuert, durch Stress und vieles mehr. Da ist basische Ernährung entscheidend, um den Körper wieder ins Lot zu bringen.

Wenn es um gesunde, genussvolle Ernährung geht, sprechen Sie gerne von Energiequalität. Was genau meinen Sie damit?

Wenn ich eine Leberkässemmel esse, nehme ich nicht nur viele Kalorien zu mir, sondern auch Lebensmittel mit wenig Vitalstoffqualität. Wenn ich hochwertiges Gemüse und Fleisch esse, habe ich Lebensmittel mit einer hohen Energiequalität. Dem Körper steht bei gleichem bzw. geringerem Kaloriengehalt ein Maximum an wertvollen Inhaltsstoffen und Energie zur Verfügung.

INTERVIEW

Wie sehr hat sich die Ernährung der Fußballer über die Jahre verändert?

Sehr. Als ich vor 27 Jahren bei Bayern angefangen habe, gab es mittags Rinderlende mit Sauce hollandaise und Pommes frites, und abends gab es ein Filetsteak mit Pommes frites und Sauce béarnaise. Und als Vorspeise gab es immer Tomatensuppe. Das war Standard und wurde auch immer in den Hotels bestellt. Das Essen war einfach nicht ausgewogen, da Gemüse – der wichtigste Bestandteil einer gesunden Ernährung – fast komplett fehlte. Heute bieten wir den Spielern ein abwechslungsreiches Büfett an.

Wie kam es eigentlich zu Ihrer Zusammenarbeit mit dem FC Bayern München?

Das war reiner Zufall. Ich kannte Werner Weiß, mit dem Uli Hoeneß damals seine Wurstfabrik gegründet hat. Und irgendwann hat mich Uli gefragt: »Alfons, kannst du nicht mal ein bisserl aufs Essen aufpassen?« Darauf hab ich gesagt: »Uli, wenn wir nur darauf aufpassen sollen, ob die Pommes frites richtig frittiert sind, dann ist mir das zu wenig. Ich möchte mich schon ein bisserl besser einbringen.« Da hat er geantwortet: »Dann mach das.« Meine Mitarbeiter und ich haben uns ein sehr gutes Konzept überlegt, zu dem auch gehörte, dass wir mit ins Mannschaftshotel gefahren sind und unsere eigenen Lebensmittel mitgenommen haben, um besser auf die Bedürfnisse der Spieler eingehen zu können.

Und dann hat der FC Bayern das Essensangebot für die Spieler nach Ihrem Konzept umgestellt?

Ja. Inzwischen machen wir Frühstück, Mittag- und Abendessen, Snacks, einfach alles. Vor Auswärtsspielen in der Champions League fahren drei Köche von uns und drei Mann vom Service einen Tag vor der Mannschaft in die jeweilige Stadt. Die Saucen nehmen wir in Kühlboxen aus München mit, das Fleisch auch, Lebensmittel wie Fisch kaufen wir frisch ein.

Die Bayern übernachten in 5-Sterne-Hotels. Fühlen sich die Küchenchefs dort nicht angegriffen,

wenn Sie für einige Tage in deren Küche das Kommando übernehmen?

Früher war es nicht immer ganz so leicht. Aber weil der FC Bayern meist dieselben Hotels bucht, kennen wir die Direktoren und Küchenchefs inzwischen sehr gut. Die Zusammenarbeit läuft jetzt wunderbar.

Haben die Spieler heutzutage auch Sonderwünsche, wie früher zum Beispiel Scampi?

Die gibt es heute auch noch, sie sind aber gar nicht so beliebt. Früher war das eine andere Spieler-Generation mit anderen Vorlieben. Meine Erfahrung ist: Je bodenständiger wir kochen, desto mehr essen die Spieler. Es gibt zum Beispiel auch mal Schmorbraten. Wir achten aber auch sehr auf die Bedürfnisse des einzelnen Spielers.

Es heißt immer, dass Nudeln und Salat für Fußballer so wichtig seien.

Wir bieten neben Nudeln auch immer Kartoffeln an. Die Spieler favorisieren diese inzwischen sogar. Das ist gut so, denn Kartoffeln sind eine wunderbare Beilage, sie enthalten wertvolle Kohlenhydrate und Ballaststoffe. Zudem Eiweiß, Vitamin C, B-Vitamine und zahlreiche Mineralstoffe. Und sie entgiften den Körper.

Und was ist mit Salat?

Gemüse ist noch gesünder als Salat, weil Brokkoli, Tomaten, Bohnen und Co. wesentlich mehr Vitamine, Mineralstoffe und sekundäre Pflanzenstoffe liefern.

Für einen Fußballer ist das perfekt. Und dank der Faserstoffe macht Gemüse lange satt. Zudem kochen wir nach den Jahreszeiten, Spargel also nur zur Spargelzeit. Salat gibt es bei uns immer, weil die Spieler das möchten. Das ist aber eher Tradition. Denn wegen einer Portion Salat läuft bestimmt keiner schneller.

Mischt sich der Bayerntrainer Pep Guardiola in den Ernährungsplan ein?
Nein, er lässt die Dinge, wie sie sind, er lässt es laufen. Der Trainer mag unsere Küche, er ist sehr zufrieden damit. Ich spreche auch oft mit den Physiotherapeuten und vor allem mit dem Mannschaftsarzt Dr. Müller-Wohlfahrt, um immer auf dem neuesten Stand zu sein. Gerade bei ihm spielt die Ernährung eine zentrale Rolle. Ich möchte natürlich auch dazulernen und auch wissen: Können wir von der Ernährungsseite her etwas machen, um zum Beispiel Muskelverletzungen entgegenzuwirken? Ausgewogene Ernährung ist jedenfalls ein wichtiger Bestandteil des Trainingsalltags.

Neu ist auch: Die Spieler sollen eine Stunde vor dem Training zum gemeinsamen Frühstück da sein. Was gibt es?
Müsli, Frühstücksquark, Eier als Rühr- oder Spiegeleier.

Kurz vor dem Training?
Nicht in Massen natürlich, es soll ein kleines, reichhaltiges Frühstück sein, das kurzfristig Power bringt. Wir servieren in kleinen Happen. Das Mittagessen sowieso, nachmittags bieten wir einen Snack. Die Spieler können sich auf Wunsch auch etwas mit nach Hause nehmen.

Sie genießen den Ruf als »Gewürzpapst«. Welche Gewürze setzen Sie als Geheimwaffe ein – und können diese zusätzlich für ein paar Prozent mehr Leistungsvermögen sorgen?
Entscheidend ist natürlich, dass du fit bist. Und Gewürze sind die Zündkerzen. Ohne die läuft der Motor nicht. Schon in der Antike wurden Gewürze als Heilmittel genutzt. Die Klostermedizin des Mittelalters entwickelte die Heilkunde mit Gewürzen weiter. Heute hat die Forschung Tausende von nützlichen und wertvollen Wirkstoffen nachgewiesen, die antibakteriell oder entzündungshemmend wirken, den Körper entgiften, die Produktion von Verdauungsenzymen anregen, Blutfette senken, das Herz-Kreislauf-System stärken und Speisen bekömmlicher machen. Gewürze sind ein Schatzkästchen für die Gesundheit und für mich immer wieder eine wunderbare kulinarische Spielwiese. Gewürze regen den Stoffwechsel an und geben den Gerichten den letzten Schliff, indem sie auf vielfältige Weise das Eigenaroma von Gemüse, Fisch oder Fleisch unterstützen.

Welche Gewürze setzen Sie vor allem ein, und was zeichnet diese aus?
Wir arbeiten bevorzugt mit Chili, Fenchel, Koriander, Kardamom und Knoblauch. Chilis zum Beispiel enthalten im Verhältnis mehr Vitamin C als Zitrusfrüchte. Der Scharfstoff Capsaicin setzt Endorphine, also Glückshormone frei und fördert die Durchblutung. Es ist aber nicht so, dass ich die Wadln der Spieler mit Chili einreibe und dass es dann wie Schießpulver wirkt. Fenchel ist unter anderem schleimlösend und wohltuend für den Magen-Darm-Trakt, das ätherische Öl des Korianders bakterienhemmend. Kardamom stärkt Körper und Geist und besitzt krampflösende Eigenschaften. Knoblauch wirkt blutverdünnend. Und Ingwer natürlich! Er beugt zum Beispiel Gelenkentzündungen vor. Schon in der mittelalterlichen Heilkunde war Ingwer für seine schmerzstillenden, entzündungshemmenden und antibakteriellen Eigenschaften bekannt.

Wissen die Spieler um all diese wunderbaren Nebenwirkungen, die Gewürze entfalten können?
Müssen sie nicht. Hauptsache es schmeckt. Wir geben einige Gewürze schon in den Frühstücksquark. Dazu ein spezielles Leinöl mit 54 Prozent Omega-3-Fettsäure.

Was bewirkt das?
Wer viel läuft, bei dem bilden sich im Körper freie Radikale, also reaktive Sauerstoffverbindungen, die die

INTERVIEW

Der Gewinn der Deutschen Meisterschaft in der Saison 2013/14

Körperzellen schädigen. Gewürze neutralisieren sie. Und Omega-3-Fettsäuren machen das Blut fließfähiger.

Was dürfen die Spieler nicht essen?
Ich halte nichts von Verzicht. Wenn ein Spieler sich sonst ausgewogen mit viel Gemüse, Kartoffeln, Fisch und magerem Fleisch ernährt, kann er auch mal eine Weißwurst essen und ein Bier trinken. Mich erstaunt aber immer wieder, welch großes Ernährungsbewusstsein und ernährungspysiologisches Wissen diese junge Spielergeneration hat.

Sie und ihr Team kochen inzwischen ja auch am Standort München für die Bayern...
Ja, wir haben schon seit fünf Jahren eine Profiküche im Leistungszentrum an der Säbener Straße. Wir kochen dort nicht nur für die Spieler und den Stab, sondern auch für alle Angestellten. Das sind inzwischen schon 350 Leute. Wir bieten immer ein variantenreiches Buffet an: Fisch, Geflügel, Fleisch, buntes Gemüse – gedämpft, nicht gekocht. Und Kartoffeln, weil sie die besten Kohlehydratlieferanten sind. Dazu viel Obst. Es geht immer darum, ausgewogen zu essen.

Gibt es in der Profimannschaft Spieler, die sich besonders fürs Kochen interessieren?
Ja, zum Beispiel Philip Lahm und Bastian Schweinsteiger. Auch Thomas Müller, der selbst recht gut kocht. Die Spieler interessieren sich heute mehr fürs Essen und fragen nach: »Du, wie macht man dies und das?«

Es gibt also Kochnachhilfe à la Schuhbeck?
Die Jungs sollen ja auch was lernen. Wir wollen sie fürs Leben fit machen und auch ein bisserl Wissen vermitteln. Deswegen zeigen wir im Leistungszentrum auch mal, wie man man Fisch filetiert oder ein Steak perfekt brät, wann man salzt und das Öl dazugibt.

Was können Hobbysportler aus Ernährungssicht von den Profis lernen?
Ausgewogenheit ist der Schlüssel. Und die Basics müssen stimmen: Gemüse dämpfen. Das Fett beim Kochen immer zuletzt dazugeben. Nur hochwertige Kohlenhydrate zu sich nehmen. Aber das Wichtigste ist immer: Kochen soll ein Stück Lebensfreude sein, Essen soll gesund sein, aber natürlich auch schmecken.

Das Interview führte Ulrich Pramann

> THEORIE

Sporternährung

Ob Sportler oder nicht – eine ausgewogene Ernährung ist immer wichtig. Gerade Sportler sollten aber auf eine ausreichende und ausgewogene Nährstoffzufuhr achten. Menschen, die viel trainieren, benötigen mehr Energie für eine starke Leistungsfähigkeit. Dabei ist nicht nur Anzahl und Zeitpunkt der Mahlzeiten, sondern auch der zusätzliche Nährstoff- und Kalorienbedarf von Bedeutung.

Der Energiebedarf aktiver Menschen

Tägliches Training und kräftezehrende Wettkämpfe oder Spiele – klar, dass Leistungssportler einen höheren Kalorien- und Nährstoffbedarf haben als ein Büroangestellter, der zweimal wöchentlich 30 Minuten joggt. Doch Powerriegel und Co. aus Fachhandel oder Drogerie suggerieren auch dem ambitionierten Freizeitsportler: Nur mit Extra-Energie und Nährstoffkonzentraten ist man fit genug fürs Training im Fitnessstudio oder die nächste Bergtour. Hier erfahren Sie, wie hoch der Energiebedarf von Freizeitsportlern wirklich ist.

Der tägliche Energiebedarf

Auch wer schläft, verbraucht Energie: Durchschnittlich 1740 bzw. 1340 Kilokalorien braucht ein 40-jähriger Mann bzw. eine 40-jährige Frau mit einem Normalgewicht von 74 bzw. 59 Kilogramm, um die Lebensfunktionen wie Atmung und Organtätigkeiten aufrechtzuerhalten. Wie hoch dieser sogenannte Grundumsatz beim Einzelnen tatsächlich ausfällt, hängt unter anderem von Alter, Geschlecht, Körpergröße und -gewicht ab, aber auch davon, wie trainiert jemand ist – denn Muskelmasse hat im Ruhezustand einen höheren Energiebedarf als Fettmasse.

Durch jede zusätzliche körperliche Tätigkeit, und sei es nur das aufrechte Sitzen auf einem Stuhl, erhöht sich der Energiebedarf um den sogenannten Arbeitsumsatz bzw. bei intensiver sportlicher Betätigung um den Trainingsumsatz. Grundumsatz, Arbeitsumsatz und eventuell der Trainingsumsatz ergeben zusammen den Gesamtenergieumsatz. Übersteigt der Gesamtenergieumsatz die Energiezufuhr durch Nahrung, verliert der Körper an Gewicht. Im Umkehrschluss bedeutet das aber auch: Wer mehr isst als er verbraucht, nimmt zu. Wie hoch der Kalorienverbrauch bei unterschiedlichen Sportarten im Schnitt ist, zeigt Ihnen die Tabelle rechts. Ein 74 Kilogramm schwerer Mann verbraucht bei einer Stunde Fußballspielen also rund 630 Kilokalorien zusätzlich zu seinem Grundumsatz.

Müssen Sportler anders essen?

Das Geld für teure Sportlernahrung und Nahrungsergänzungsmittel kann sich der durchschnittliche Freizeitsportler in der Regel sparen. Denn allein mit der richtigen Auswahl der Lebensmittel und deren nährstoffschonender Zubereitung können auch sehr aktive Menschen problemlos ihren Energiebedarf und ihren Bedarf an Vitaminen und Mineralstoffen optimal decken. Allerdings sollten Sie bei der Auswahl der Lebensmittel darauf achten, mit welchen Hauptnährstoffen Sie Ihr Energiekonto wieder auffüllen: Wer Sport treibt, braucht schnell verfügbare Energie aus Kohlenhydraten, die unser Körper in Form von Glykogen in Muskeln und Leber bereithält. Je nachdem, mit welcher Intensität Sie dem Sport nachgehen, sorgen diese Energiereserven 60 bis 90 Minuten lang für eine hohe Belastungsfähigkeit. Reichen die Vorräte nicht mehr, wird Blutzucker als Energiequelle herangezogen. Damit es dann nicht zu Unterzuckerung und damit verbundenem Leistungsabfall kommt, ist schnell verfügbare Energie gefragt, zum Beispiel aus einer Fruchtsaftschorle oder Banane. Das heißt aber auch: Wer täglich nur eine Stunde Sport treibt, muss im Normalfall zwischendurch keine Energie auftanken. Dann reicht es, die Reserven während der regulären Mahlzeiten wieder zu füllen. Stammen 50 bis 60 Prozent der Energie aus komplexen Kohlenhydraten, 30 bis 35 Prozent aus gesunden Fetten und 10 bis 15 Prozent aus hochwertigen Eiweißlieferanten, stimmt die Mischung. Alles Wissenswerte zu den einzelnen Nahrungsbausteinen, Vitaminen und Mineralstoffen sowie der täglich benötigten Flüssigkeitsmenge erfahren Sie auf den Seiten 22 bis 37. Und in Schritt-für-Schritt-Anleitungen lernen Sie die schonendsten Garmethoden für Gemüse, Fisch und Fleisch kennen (siehe S. 38 f.).

ENERGIEBEDARF

Wie viele Mahlzeiten sind sinnvoll?

Frühstücken sollten wir alle, unabhängig davon, ob wir am Morgen nur im Büro sitzen oder zum Fußballtraining gehen. Denn morgens nach dem Schlafen sind die Glykogenreserven in der Leber nahezu leer und brauchen Nachschub, damit die körperliche und geistige Leistungsfähigkeit nicht ganz schnell in den Keller sackt. Mit einem kohlenhydratbetonten Frühstück, ergänzt durch hochwertige Eiweiß- und Fettlieferanten, schaffen Sie also eine gute Basis für den Tag. Um den Körper nicht zu stark mit ermüdender Verdauungsarbeit zu belasten, hat es sich bewährt, die Mittags- und Abendmahlzeit nicht allzu üppig ausfallen zu lassen und stattdessen lieber noch zwei kleine Zwischenmahlzeiten zu essen. Renommierte Ernährungswissenschaftler wie Prof. Dr. Michael Hamm (Hochschule für Angewandte Wissenschaften Hamburg) empfehlen deshalb für die Energiezufuhr auch für Freizeitsportler das Fünf-Mahlzeiten-Modell, dass die natürliche Energiekurve (»Vormittagshoch«, »Mittagstief«, »Spätnachmittagshoch«) berücksichtigt:

- Morgens sollten etwa 25 Prozent der Energie durch ein kohlenhydratreiches Frühstück gedeckt werden.
- Mittags empfiehlt es sich, 30 Prozent der Energie durch eine Mahlzeit mit viel Kohlenhydraten und Eiweiß sowie einem maßvollen Fettanteil aufzunehmen, um fit für die zweite Tageshälfte zu sein.
- Abends sollten rund 20 Prozent der Energie in Form einer leichten, kohlenhydratbetonten Mahlzeit auf den Tisch kommen.
- Verteilt auf zwei Zwischenmahlzeiten ergeben sich die restlichen 25 Prozent der Energie. Insbesondere in Zeiten intensiver Trainingsphasen, etwa zur Vorbereitung auf einen Wettkampf, kann es auch sinnvoll sein, die dann deutlich erhöhte Energiezufuhr auf insgesamt sechs Mahlzeiten zu verteilen.

> **Auf einen Blick**

Zusätzlicher Kalorienverbrauch bei beliebten Sportarten

Sportart	Energieverbrauch (in Kilokalorien pro Kilogramm Körpergewicht und Stunde)	Ein 74 kg schwerer Mann braucht also pro Stunde zusätzlich	Eine 59 kg schwere Frau braucht also pro Stunde zusätzlich
Joggen (12 km/h)	12–13	888–962	708–767
Schwimmen (Brust)	10–11	740–814	590–649
Radfahren (35 km/h)	12–13	888–962	708–767
Fußball	8–9	592–666	472–531
Skilanglauf	14–17	1036–1258	910–1105
Gymnastik/Aerobic	8–9	592–666	472–531
Fitnessstudio/Krafttraining	8–9	592–666	472–531
Tanzen	10–11	740–814	590–649
Tennis	6–7	444–518	354–413
Reiten	8–9	592–666	472–531

Ernährungstipps für Freizeitsportler

So viel steht fest: Richtige Ernährung ist eine ganz wichtige Basis für gute Leistungen. Das gilt nicht nur für Leistungssportler, sondern auch für Freizeitsportler. Was können diese von den Profis lernen? Und was ist bei der Ernährung zu beachten, wenn es darauf ankommt, also vor einem Wettkampf?

Bedarfsgerechte Sporternährung

Wer sportlich aktiv ist, sollte natürlich auch seine Ernährung den Bedürfnissen und den speziellen Anforderungen anpassen. Doch viele Freizeitsportler legen immer noch zu wenig Wert auf die richtige Ernährung. Das nimmt uns der Körper meistens übel: frühzeitiges Ermüden, Konzentrations- und Koordinationsschwäche, Muskelkrämpfe und Verdauungsprobleme – all dies können mögliche Folgen sein. Um solche unliebsamen Leistungseinbußen zu vermeiden und um das Leistungsniveau und auch das allgemeine Befinden zu verbessern, spielt »bedarfsgerechte Sporternährung« eine große Rolle.

Welche Spielregeln gelten bei der Sporternährung?

Klar, ob wir nur normal trainieren oder Wettkämpfe bestreiten wollen, ob wir ambitioniert Radrennen fahren, uns auf einen Halbmarathon vorbereiten oder regelmäßig Fußball spielen, macht natürlich einen Unterschied. Aber Freizeitsportler müssen nicht für jede einzelne Sportart eine spezielle »Sportdiät« strengstens befolgen. Neben den Empfehlungen zur Energie (siehe S. 14) sowie zu den einzelnen Nährstoffen (siehe S. 22 bis 35) gibt es noch einige grundlegende Tipps, damit das Training erfolgreich verlaufen kann. Damit die Nahrung nicht wie ein Stein im Magen liegt, sollten Sie wissen, dass die Verweildauer von

> ### Auf einen Blick
>
> **Tagesplanvorschlag mit Rezeptbeispielen aus dem Buch**
>
>
>
> ✔ Frühstück:
> Vitaminbrot mit Spiegelei (S. 46)
>
> ✔ Mittagessen:
> Makkaroni mit Spinat und Schafskäse (S. 126)
>
> ✔ Abendessen:
> Lachsfilet mit Gemüsesalat (S. 140)
>
> ✔ Zwischenmahlzeit 1:
> 1 Banane
>
> ✔ Zwischenmahlzeit 2:
> 150 g Naturjoghurt mit 1–2 EL Haferflocken

ERNÄHRUNGSTIPPS

> Auf einen Blick

So starten Sie fit in Training und Wettkampf

Bekömmlichkeit ist oberstes Gebot. Viele Freizeitsportler, aber auch Profis machen immer wieder den Fehler, dass sie am »Tag der Wahrheit« etwas Neues ausprobieren. In dieser stressigen Phase können ungewohnte Speisen auf den Magen schlagen. Der Ernährungswissenschaftler Günter Wagner (Institut für Sporternährung e.V. in Bad Nauheim), der auch als Lehrbeauftragter der Deutschen Trainerakademie Köln des Deutschen Olympischen Sportbundes seit Jahren Leistungs- und Freizeitsportler berät, nennt fünf Punkte für einen guten Start:

1. Den Vorabend für gezielte Ernährung nutzen. Ein kohlenhydratreiches Abendessen sorgt im Schlaf für gefüllte Kohlenhydratdepots – eine wichtige Voraussetzung, um am nächsten Tag ein Maximum an Ausdauer und Leistung zu entwickeln.

2. Nur Gewohntes verzehren. Am besten fettarme und ballaststoffarme Lebensmittel bevorzugen, die nicht stundenlang im Magen liegen und nicht zu Blähungen führen. Wir sollten also nur im Training erprobte Sachen ins Sport-Lunch-Paket packen.

3. Nicht hungrig an den Start gehen. Viele machen den Fehler und essen am Abend vor dem Wettkampf das letzte Mal. Damit verschenken sie wichtige Ressourcen, denn während der Nacht und am Morgen werden ja auch schon wertvolle Energiereserven verbraucht.

4. Nicht mit vollem Magen starten. Drei Stunden vor dem Start sollte keine Mahlzeit mehr eingenommen werden. Hier empfehlen sich leicht verdauliche, kohlenhydratreiche Speisen. Fettes und Eiweißreiches belasten nur.

5. Vor dem Sport ausreichend trinken. Bis 30 Minuten vor dem Start kann etwa ein halber Liter kohlenhydratarme Flüssigkeit in kleinen Schlucken getrunken werden. Bestens bewährt haben sich Mischungen aus magnesiumreichem Mineralwasser mit Frucht- oder Gemüsesaft im Mischungsverhältnis 3:1 (also drei Teile Mineralwasser, ein Teil Saft). Wenn zu erwarten ist, dass der Tag heiß wird, sollte schon früh damit angefangen werden, zu trinken, um die Depots gut zu füllen. Abgeraten wird von unverdünntem Apfel- oder Orangensaft, Cola-Getränken, Energy-Drinks oder süßer Limonade. Diese Getränke können einen starken Insulinausstoß verursachen.

Speisen und das Timing der Nahrungsaufnahme entscheidend für die Leistungsfähigkeit sind:
- Flüssigkeiten wie Getränke und Suppen verlassen den Magen schneller als feste Speisen.
- Immer gut kauen, weil grobe Nahrung den Magen länger belastet.
- Je höher der Fettgehalt eines Lebensmittels, umso länger auch die Verweildauer im Magen.
- Ein leichter kohlenhydrathaltiger Snack (z.B. eine Banane) etwa 45 Minuten vor einer Trainingseinheit sorgt für eine optimale körperliche Leistungsfähigkeit, eine größere Mahlzeit sollte hingegen drei Stunden zurückliegen. Wenn Sie also abends nach dem Büro zum Sport gehen, sollten Sie einen kleinen Nachmittagsimbiss zeitlich entsprechend einplanen.

Mein Konzept der Energiequalität

Egal, ob Sie Sport am liebsten nur passiv als Zuschauer betreiben, ob Sie als Freizeitsportler nur hin und wieder aktiv sind oder aber sogar an Wettkämpfen teilnehmen: Mit meinem Konzept der Energiequalität kann sich jeder optimal mit Nährstoffen versorgen. Denn es verbindet drei Faktoren miteinander, die wesentlich zu unserer körperlichen und geistigen Leistungsfähigkeit beitragen: die Energiedichte, die Qualität sowie der Geschmack von Lebensmitteln und den daraus zubereiteten Gerichten.

Die Energiedichte von Lebensmitteln

Ernährungswissenschaftler verwenden den Begriff der Energiedichte schon lange, um den Energiegehalt pro Gramm eines Lebensmittels zu beschreiben. Zwei Beispiele: 100 Gramm Mortadella haben einen Energiegehalt von 308 Kilokalorien (kcal), das heißt 1 Gramm Mortadella hat eine Energiedichte von ca. 3,1 (308 kcal/100 g = 3,08 kcal/g). Gekochter Schinken hingegen enthält pro 100 Gramm nur 107 kcal, hat also eine Energiedichte von nur etwa 1,1. Sie können also fast dreimal so viel gekochten Schinken essen, um auf die gleiche Kalorienmenge zu kommen. In der Regel sind es Lebensmittel mit viel Volumen, die eine niedrige Energiedichte haben, also etwa Obst und Gemüse. So müssten Sie etwa 3,5 Kilogramm Gemüse essen, um die gleiche Energiemenge aufzunehmen wie mit einer nur 200 Gramm schweren Leberkässemmel – während aber die kleine Semmel innerhalb weniger Minuten verputzt wäre und Sie wahrscheinlich locker noch einen Nachschlag vertragen würden, wären Sie nach nur einem Bruchteil des Gemüseberges schon satt. Was unserem Körper also Energie liefert, kann mengenmäßig sehr unterschiedlich sein und doch denselben Brennwert haben (siehe S. 20f.).

Mein Plus: Die Qualität von Lebensmitteln

Doch mir als Koch einer Profi-Fußballmannschaft geht es um mehr als nur die Energiedichte von Lebensmitteln. Wichtig ist mir vor allem auch: Welche Nährstoffe liefern die Lebensmittel den Spielern? Sind die Inhaltsstoffe wertvoll für den Körper oder eher schädlich? Deshalb habe ich den sehr wissenschaftlichen Begriff »Energiedichte« um den Begriff »Qualität« erweitert. Denn nur die beste Qualität von Lebensmitteln liefert ein Optimum an Inhaltsstoffen: Die Auswahl der Zutaten entscheidet darüber, ob Sie nur »leere Kalorien« aufnehmen, oder ob der Körper in einem ausgewogenen Verhältnis erhält, was er zum Fitsein braucht (siehe S. 22 bis 35). Hochwertigkeit und Frische sind für mich deshalb das oberste Gebot. Um beim Beispiel der Leberkässemmel von oben zu bleiben: Während Sie mit der Semmel vom Metzger vor allem viele gesättigte Fette (siehe S. 30) aufnehmen, liefert Ihnen eine Portion Gemüse von etwa 300 g satt Mineralstoffe, Vitamine, se-

> **Auf einen Blick**
>
> ### Die Vorteile des Konzepts der Energiequalität
>
> ✔ Es gibt keine Verbote!
> ✔ Satt sein bei individuell optimalem Kaloriengehalt
> ✔ Vielseitig und ausgewogen
> ✔ Rezepte, die leicht zuzubereiten sind
> ✔ Wissenschaftlich fundiert
> ✔ Gesundes Essen in Gourmetqualität
> ✔ Ein Plus für die Lebensqualität

ENERGIEQUALITÄT 19

Leberkässemmel
600 kcal
200 g

Gemüsekorb
600 kcal
3,5 kg

kundäre Pflanzenstoffe und Ballaststoffe. Wenn Sie dazu noch ein gegrilltes Fischfilet verzehren, kommen zusätzlich wertvolles Eiweiß und wichtige ungesättigte Fettsäuren ins Spiel – Sie sind dann nicht nur satt, sondern auch noch bestens versorgt. Und kalorienmäßig liegen Sie mit diesem Essen locker unter der Leberkässemmel!

Für höchsten Genuss: der Faktor Geschmack

Aber wer denkt beim Essen schon immer nur daran, ob der Energie- und Nährstoffgehalt ausgewogen ist? Sogar von den Spielern der FC-Bayern-Mannschaft interessiert die meisten vor allem zunächst einmal eines: Schmecken soll es! In meinem Konzept der Energiequalität verbirgt sich deshalb der Faktor »Geschmack« als Dritter im Bunde, denn auch der Genuss spielt für das Wohlbefinden eine wichtige Rolle. Sie erfahren, wie Sie aus den besten Lebensmitteln das Maximum an Geschmack herausholen, und was es bei der Zubereitung zu beachten gibt, damit am Ende nicht doch nur »Energiemüll« übrig bleibt. Als Beispiel führe ich gern hochwertige Pflanzenöle an, etwa Lein- oder Walnussöl: Öle wie diese sind extrem empfindlich, werden sie erhitzt oder falsch gelagert, liefern sie dem Körper fast nur noch Energie, ihr typisches Aroma und die gesunden Fettsäuren sind praktisch verloren.

Vergessen Sie spezielle Ernährungspläne und Diäten!

Anders als die von mir verwöhnten FC-Bayern-Spieler müssen Sie Ihr Essen vermutlich selbst kochen – deshalb habe ich für Sie Rezepte zusammengestellt, die ganz einfach zuzubereiten sind und von denen jedes Einzelne meinen Kriterien an die Energiequalität gerecht wird. Je nach körperlichen Erfordernissen können Sie sich anhand meines Konzeptes und der Rezepte in diesem Buch Ihren Speiseplan individuell zusammenstellen. Wer zum Beispiel für den nächsten Stadtmarathon ein paar Extrakalorien braucht, erhöht durch die Speiseauswahl die Energiedichte, wer ein paar Pfunde verlieren will, achtet auf eine besonders niedrige Energiedichte – die Energiequalität stimmt auf jeden Fall.

Energiequalität – auf einen Blick

Was unserem Körper Energie liefert, kann sehr unterschiedlich sein und doch denselben Brennwert haben: Wenn ich eine Butterbrezel von 65 g esse, sind das 250 Kilokalorien – dafür kann ich aber genauso gut 412 g selbst gemachten Fruchtjoghurt mit Haferflocken

Brezel mit Butter
65 g

6,3-fache Menge
ca. 250 kcal

Joghurt (200 g, 1,5 % Fett), **Beeren** (200 g), **Haferflocken** (1 EL)
412 g

Salami
30 g

3,3-fache Menge
ca. 100 kcal

Schinken (gekocht)
100 g

Pommes frites mit Mayonnaise
76 g

2,9-fache Menge
ca. 250 kcal

Ofenkartoffel mit Kräuterquark
225 g

essen, also mehr als die sechsfache Menge. Doch das Prinzip der Energiequalität umfasst auch die Qualität der Nährstoffe: Im Vergleich zur Brezel liefert der Fruchtjoghurt hochwertiges Eiweiß, komplexe Kohlenhydrate sowie reichlich Vitamine und Mineralstoffe.

Pizzastück mit Salami

110 g

1,8-fache Menge

ca. 300 kcal

Penne Arrabbiata

200 g

Gemüsegratin

430 g

2,7-fache Menge

ca. 290 kcal

Gemüsepfanne

1160 g

Helles Bier

500 ml

2,5-fache Menge

ca. 200 kcal

Tomatensaft

1250 ml

Kohlenhydrate – die Leistungsträger

Kohlenhydrate sind für unseren Körper die wichtigste Energiequelle und dienen als Brennstoff für Muskeln und Gehirn, als Nervennahrung und Stimmungsmacher. Die Speicherfähigkeit unseres Körpers jedoch ist stark begrenzt, nur Leber und Muskeln halten Kohlenhydrate als Energiereserve bereit. Für eine optimale Leistungsfähigkeit ist es deshalb sehr wichtig, regelmäßig mit den richtigen Kohlenhydraten für Nachschub zu sorgen.

Was macht Kohlenhydrate so wertvoll?

Es sind die Kohlenhydrate, die uns die Energie liefern, die wir zum Leben benötigen. Fast alle Körperzellen brauchen und nutzen Kohlenhydrate als Energiequelle, vor allem auch unser Gehirn deckt mit Kohlenhydraten seinen Energiebedarf. Kohlenhydrate sind also der Treibstoff für unseren Körper, ungefähr so wie der Sprit für ein Auto.

Doch die Qualität des Treibstoffs kann sehr unterschiedlich sein. Es gibt Kohlenhydrate, die anhaltend sättigen und den Körper so über einen längeren Zeitraum konstant mit Energie versorgen. Und es gibt die Kohlenhydrate, die zwar schnell Energie liefern, nach deren Verzehr sich aber schon bald wieder der Hunger meldet. Der Grund dafür: Alle Kohlenhydrate werden durch die Verdauung letztendlich in Glukose umgewandelt, die unserem Körper die Energie liefert. Je nach Art der Kohlenhydrate braucht der Körper mehr oder weniger Zeit, um diese zu verarbeiten.

Welche Art Kohlenhydrate gibt es?

Zur Erklärung ein wenig Biochemie. Unter dem Begriff Kohlenhydrate wird eine Vielzahl von Stoffen zusammengefasst, die in unseren Lebensmitteln enthalten sind und aus Zuckermolekülen bestehen. Als einfachste Kohlenhydrate (Einfachzucker bzw. Monosaccharide) in unserer Nahrung kommen folgende Zuckermoleküle vor:

- Glukose (Traubenzucker), vor allem enthalten in Getreide, Brot, Teigwaren, Gemüse und Stärke
- Fruktose (Fruchtzucker), enthalten vor allem in Obst
- Galaktose (Schleimzucker) kommt als Bestandteil von Milchzucker in Milch und Milchprodukten vor.

Haften zwei Zuckermoleküle zusammen, heißt die Verbindung Zweifachzucker (Disaccharide). Zu diesen kurzkettigen Kohlenhydraten gehören zum Beispiel Milchzucker (Laktose), Malzzucker (Maltose) und Rohr- und Rübenzucker (also unser Haushaltszucker, die Saccharose).

Interessant wird es, wenn sich viele Zuckermoleküle zu langen Ketten zusammenschließen und sogenannte Mehrfachzucker (Polysaccharide) oder komplexe Kohlenhydrate bilden. Dazu gehören Stärke (in Getreideprodukten, Kartoffeln und Gemüse) und die Ballaststoffe aus Obst, Gemüse und Vollkorngetreide.

Was sind »schlechte« Kohlenhydrate?

Alle Kohlenhydrate werden durch die Verdauung, die bei Stärke schon durch Speichelenzyme im Mund beginnt und durch Enzyme im Magen-Darm-Trakt fortgesetzt wird, in ihre Grundbausteine, die Einfachzucker, zerlegt. Je kurzkettiger die Kohlenhydrate sind, desto rascher stehen sie unserem Organismus als Energiequelle in Form von Glukose zur Verfügung. Haushaltszucker, Süßigkeiten, weißer Reis und alle Nahrungsmittel aus weißem Mehl wie Weißbrot, Nudeln, Gebäck und Kuchen zählen zu diesen schnellen Energielieferanten. Diese Lebensmittel beeinflussen den gesamten Hormon- und Stoffwechselhaushalt: Nach ihrem Verzehr steigt der Blutzuckerspiegel zunächst steil an. Daraufhin schüttet die Bauchspeicheldrüse ein Vielfaches an Insulin aus, das für die Regulierung des Blutzuckerspiegels verantwortlich ist, um den freigesetzten Zucker in die Körperzellen zu schleusen. Dieser Vorgang geht sehr schnell, deshalb verspüren wir nach nicht einmal zwei Stunden schon wieder

KOHLENHYDRATE

Hunger – meist Heißhunger auf weitere kurzkettige Kohlenhydrate (zum Beispiel Süßigkeiten), weil diese für schnellen Energienachschub sorgen. Dann beginnt der Kreislauf von Neuem. Die Folge: Man fühlt sich nie richtig satt und isst mehr als der Körper eigentlich benötigt. Zusätzlich wird der Fettabbau durch zu viel Insulin blockiert und der Aufbau von Fett stimuliert, das schließlich in Fettdepots eingelagert wird. Deshalb werden diese kurzkettigen Kohlenhydrate oft auch als »schlechte« Kohlenhydrate bezeichnet. Ausnahme: Während eines längeren Trainings oder Wettkampfs ist der Körper auf schnelle Energie angewiesen, damit die Leistungsfähigkeit nicht absackt (siehe S. 16 f.).

Grundsätzlich sollte deshalb unsere Nahrung zu mehr als der Hälfte aus langkettigen Kohlenhydraten bestehen, den »guten« Kohlenhydraten. Unser Körper muss sie erst zu Glukose abbauen, die dann langsam und kontinuierlich zur Verfügung steht. Das wirkt sättigend und garantiert so eine lange und hohe Leistungsfähigkeit. Die etwa 130 Gramm Kohlenhydrate, die wir täglich benötigen, sollten wir vor allem durch Obst und Gemüse, Vollkornbrot, Kartoffeln oder ungeschälten Reis decken.

Welche Rolle spielen Ballaststoffe?

Obst, Gemüse und Vollkorngetreide sind auch reich an Ballaststoffen, die ebenfalls zu den Kohlenhydraten zählen. Ballaststoffe sind pflanzliche Nahrungsteile, die zwar von unserem Körper nicht verdaut werden können, die aber wichtige Aufgaben bei der Verdauung erfüllen und den Stoffwechsel beeinflussen. Sie bringen Volumen auf den Teller, aktivieren zahlreiche Enzyme bei der Verdauung, reduzieren im Magen die Ausschüttung von Salzsäure, schonen dadurch die Magenwände und bewirken, dass Einfachzucker langsamer ins Blut aufgenommen werden. Und weil sie den Magen nur langsam wieder verlassen, fühlen wir uns länger satt. Mindestens 30 Gramm Ballaststoffe täglich empfiehlt die Deutsche Gesellschaft für Ernährung. Diese Menge ist bei ausgewogener Kost leicht zu erreichen: Ein Müsli mit Joghurt und Obst zum Frühstück deckt bereits einen Großteil des Ballaststoffbedarfs. Bei Brot und Reis sollten Sie zur Variante aus dem vollen Korn greifen: Denn im Getreide befinden sich Ballaststoffe hauptsächlich in den Randschichten, die bei der Herstellung von weißem Mehl oder poliertem Reis weitestgehend entfernt werden.

Die **Top 10** der Kohlenhydratlieferanten

Sie sind die Wunderwaffe für den Fußballer – ohne sie keine Leistung. Kohlenhydrate sind der Brennstoff für Muskeln und Gehirn, sie sind Nervennahrung. Allerdings sind nur komplexe Kohlenhydrate lang sättigend, für die schnell löslichen aus Süßigkeiten und Co. gilt dies nicht.

Vollkornbrot

Das aus Vollkornmehl und -schrot gewonnene Brot enthält sehr viel mehr Ballaststoffe, Eiweiß, Fett, Vitamine und Mineralstoffe als typisierte Weißmehlprodukte und sättigt daher länger. Vollkornbrot wird aus mindestens 90 Prozent Roggen- und Weizenvollkorn in verschiedenen Verhältnissen hergestellt.

Bulgur

Dieses Weizenprodukt wird aus den verkochten und von Kleie befreiten Körner gewonnen. Bulgur eignet sich als Beilage oder als Zutat für Salate, Suppen und Gemüsegerichte. Neben B-Vitaminen und Magnesium, das bedeutend für Sportler ist, liefert er vor allem Kohlenhydrate, die lange sättigen.

Bananen

Diese puren Energiequellen sind in Südamerika nicht umsonst ein Volksnahrungsmittel. Als ideale Zwischenmahlzeit für Sportler geben sie dank der Kohlenhydrate und des Magnesiums Kraft, heben die Stimmung und beruhigen die Nerven. Trockenbananen sind reich an den Vitaminen B_1 und B_3, die wichtig für Haut, Leber und Herz sind.

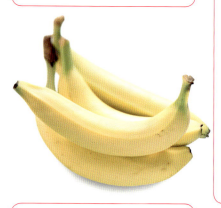

Couscous

Meistens aus Weizen, manchmal auch aus Hirse oder Gerste hergestellt, können die Grießkügelchen mit verschiedensten Gerichten kombiniert werden. Neben anhaltend satt machenden Kohlenhydraten, die nur langsam ins Blut abgegeben werden, enthält Couscous auch munter machendes Magnesium.

Bohnen

Bohnen sind kohlenhydrat- und eiweißreich, also kleine Kraftpakete. Ihr hoher Ballaststoffanteil hilft den Blutzuckerspiegel konstant zu halten. 100 Gramm getrocknete Bohnen decken den Tagesbedarf an Ballaststoffen, Folsäure und Eisen. Der giftige Inhaltsstoff Phasin wird zersetzt, wenn sie gekocht werden.

KOHLENHYDRATE

Linsen

Ob gelbe oder rote, Champagner- oder Beluga-Linsen, diese Hülsenfrüchte liefern pure Energie und wirken sich positiv auf die Hirnleistung aus. Sie enthalten neben B-Vitaminen auch viele Mineralstoffe, halten den Blutzuckerspiegel konstant, sorgen für Kraft und beugen Heißhunger vor. Rote Linsen findet man in türkischen und indischen Gerichten, sie schmecken mild und haben viel Aroma.

Hafer

Hafer deckt nicht nur den Nährstoffbedarf so ausreichend wie fast kein anderes pflanzliches Lebensmittel, er senkt auch noch den Blutdruck. Hafer regt den Körper zur Produktion von Glückshormonen an und steigert mit speziellen Nährstoffen Koordinationsgabe, Schnellkraft und Durchhaltevermögen.

Kartoffeln

Sie sind ein sättigendes und nährstoffreiches Nahrungsmittel, das mit seinem hohen Vitamin-C-Gehalt sogar den Skorbut in Europa besiegt hat. Besonders gesund sind Pellkartoffeln, da sich die Mineralstoffe vorwiegend direkt unter der Schale befinden. Obwohl sie zu drei Viertel aus Wasser bestehen, sind Kartoffeln wichtige Lieferanten für Kohlenhydrate in Form von Stärke und Ballaststoffen.

Reis

Reis ist kalorienarm und entschlackt den Körper. Brauner Naturreis enthält sehr viel mehr Ballaststoffe, Magnesium und Eisen als polierter Reis, auf den trotz seiner Beliebtheit eher verzichtet werden sollte. Reis liefert neben Kohlenhydraten Eiweiß mit essenziellen Aminosäuren (siehe S. 26).

Vollkornnudeln

Da Vollkornnudeln aus Schale und Kern des Getreidekorns hergestellt werden, bieten sie dem Körper reichlich Mineralstoffe und Vitamine, hauptsächlich aber Ballaststoffe. Dadurch werden sie langsamer verdaut und sättigen über einen längeren Zeitraum als herkömmliche, weiße Nudelprodukte.

Eiweiß – lebenswichtiger Baustoff

Eiweiße (Proteine) sind die elementaren Bausteine unseres Lebens mit vielen Schlüsselfunktionen. Sie sind der Stoff, aus dem Körperzellen, Enzyme und Hormone gemacht sind. Auch für die Immunabwehr und den Muskelaufbau braucht unser Körper wertvolles Eiweiß. Deshalb müssen wir auf eine ausreichende Zufuhr achten.

Wofür braucht der Körper Eiweiß?

Ohne Eiweiße können wir nicht leben. Eiweiße sind an fast allen Vorgängen unseres Stoffwechsels beteiligt und erfüllen im Körper ganz unterschiedliche Aufgaben: Eiweiße

- liefern das Material zum Aufbau und für die Erneuerung von Zellen und Gewebe.
- geben Haut, Haaren, Nägeln, Muskeln sowie dem Bindegewebe in Sehnen und Knorpeln ihre besondere Struktur.
- spielen eine Rolle bei der Muskelkontraktion.
- sind Bausubstanz für Botenstoffe (zum Beispiel Hormone), die wichtige Informationen zwischen den Organen austauschen.
- sind als Enzyme an wichtigen Stoffwechselprozessen beteiligt.
- schützen den Körper in Form von Antikörpern vor Krankheitserregern.
- transportieren Vitamine, Spurenelemente, Sauerstoff und Fettsäuren über das Blut zu den Organen.

Als einen unserer drei Hauptnährstoffe müssen wir Eiweiß über die Nahrung aufnehmen. Doch der Körper kann damit erst dann etwas anfangen, wenn er das Eiweiß in seine Bausteine zerlegt hat.

Aminosäuren – Bausteine für Eiweiß

Denn genau genommen sind es die Aminosäuren, die unser Körper braucht. Jedes der rund 1000 bekannten Eiweiße besteht nämlich aus einer langen Kette von Aminosäuren, die mal wie auf einer Perlenkette schnurgerade angeordnet sind, mal ein ungeordnetes Knäuel bilden oder auch schraubenförmig verdreht sind. Von den über hundert Aminosäuren, die in der Natur vorkommen, benötigt der menschliche Organismus 20 für die Bildung seiner körpereigenen Proteine. 12 Aminosäuren sind entbehrlich (nicht-essenziell), das heißt der Körper kann sie selbst herstellen, wenn ihm die nötigen Rohstoffe über die tägliche Nahrung zur Verfügung gestellt werden; die anderen acht Aminosäuren sind unentbehrlich (essenziell), das heißt, sie müssen als solche mit der Nahrung zugeführt werden.

Im Magen und Darm wird das Nahrungseiweiß zunächst in Aminosäuren und Stickstoffverbindungen zerlegt. Aus diesen Bausteinen bildet unser Körper nach einem spezifischen Bauplan dann wieder neue, körpereigene Eiweiße. Da der Körper Aminosäuren nur bedingt speichern kann, beeinträchtigt das Fehlen auch nur einer einzigen Aminosäure den Zellstoffwechsel – und damit unsere physische und psychische Leistungsfähigkeit.

Wie viel Eiweiß braucht der Körper?

Damit rund 70 Billionen Körperzellen, das Blut, Abwehrstoffe, Enzyme und Hormone gut versorgt sind bzw. gebildet werden können, braucht der Körper täglich eine bestimmte Menge an Proteinen. Unser Bedarf ist abhängig vom Alter und den körperlichen Anforderungen. Bei Stress erhöht sich der Eiweißbedarf. Experten empfehlen die Zufuhr von täglich 0,8 Gramm Eiweiß pro Kilogramm Körpergewicht. Das entspricht bei normalgewichtigen Personen einer Menge von etwa 45 bis 55 Gramm Eiweiß täglich, also einem Anteil von etwa 15 Prozent an der benötigten Energiemenge. Selbst ambitionierte Freizeitsportler können damit ihren Eiweißbedarf ausreichend decken. Etwas mehr Eiweiß benötigen Schwangere und Stillende. Und Leistungssportler, die je nach Sportart höhere

EIWEISS

Eiweißmengen zu sich nehmen sollten: Bei Ausdauersportlern rechnet man mit einem Proteinbedarf von 1,2 bis 1,5 Gramm pro Kilogramm Körpergewicht, im Kraftsport werden bis zu 2 Gramm empfohlen.

Was passiert, wenn wir zu viel oder zu wenig Eiweiß essen?

Wenn wir mehr Eiweiß aufnehmen, als unser Organismus benötigt, dient es nicht mehr als Baustoff, sondern nur mehr als Energielieferant (ein Gramm Eiweiß liefert vier Kilokalorien). Als Energiequelle hat Eiweiß gegenüber Kohlenhydraten und Fetten allerdings einen gravierenden Nachteil: Jedes Protein enthält Stickstoff, der über die Niere im Harn ausgeschieden werden muss. Überhöhte Eiweißaufnahme belastet den Organismus, besonders die Nieren.

Eine zu geringe Zufuhr an Eiweiß ist unter normalen Umständen und einer halbwegs vernünftigen Ernährung eher unwahrscheinlich. Lediglich bei extremem Nahrungsentzug, z.B. beim Fasten, holt sich der Körper dann das fehlende Eiweiß aus den Muskeln und füllt die Lücken mit Fett auf.

Gute Eiweißquellen

Da Eiweiß in unserem Körper ständig ab-, um- und wieder aufgebaut wird, benötigen wir über die Nahrung regelmäßig Nachschub. Dabei steht jedoch nicht die Menge, sondern die Eiweißqualität im Vordergrund. Jede Mahlzeit sollte deshalb gute Eiweißquellen enthalten, das heißt Produkte, die möglichst viele essenzielle Aminosäuren enthalten. Dazu zählen vor allem tierische Lebensmittel wie Milchprodukte, Fleisch, Fisch und Eier. Ihre Aminosäuren kann unser Körper optimal zum Aufbau von eigenem Eiweiß nutzen – diese Eiweißquellen haben eine hohe »biologische Wertigkeit«. Aber auch pflanzliche Lebensmittel wie Getreide, Kartoffeln und Hülsenfrüchte enthalten wertvolles Eiweiß. Ideal ist es, wenn wir tierische und pflanzliche Eiweißquellen miteinander kombinieren, da sich dadurch die biologische Wertigkeit erhöhen lässt. Gute Kombinationen sind Getreide und Milch (Müsli mit Joghurt oder Milch, Vollkornbrötchen mit Käse) oder Kartoffeln mit Ei oder Quark. Für Veganer ist es besonders günstig, Hülsenfrüchte und Getreide, z.B. Mais, zu mischen.

Die **Top 10** der Eiweißlieferanten

Eiweiße (Proteine) sind die wichtigsten Grundbausteine des Körpers. Aus ihnen bestehen Zellen, werden Muskeln aufgebaut, Hormone gebildet und durch ihre Mithilfe das Immunsystem gestärkt. Die körperliche Leistungsfähigkeit hängt stark von Eiweißen ab.

Quark

Das in diesem Milchprodukt enthaltene Eiweiß hat eine hohe biologische Wertigkeit, da es vom menschlichen Körper gut verarbeitet werden kann. Quark versorgt ihn mit Kalzium, das die Knochen und Zähne stärkt und wichtige Muskelfunktionen steuert. Das Vitamin E im Quark erhöht die Leistungsfähigkeit.

Joghurt

Dieses Milchprodukt liefert hochwertiges Eiweiß, Kalzium, Magnesium, Jod, Vitamin B_2 und B_{12}. Das in Joghurt enthaltene Milcheiweiß ist ideal, um in körpereigenes Eiweiß umgebaut werden zu können, das wichtig für die Muskelbewegung ist. Der Milchzucker unterstützt die gesunde Darmflora.

Eier

Mit ihrem hohen Vitamin-B_{12}-Gehalt sind Eier gerade für Vegetarier wichtig, da dieses Vitamin sonst überwiegend in Fleisch und Fisch enthalten ist. Es unterstützt die Bildung roter Blutzellen, den Eiweißstoffwechsel und das Nervensystem. Eier liefern dem Körper vor allem hochwertiges Eiweiß, das vollständig verwertet und so lebenswichtige Funktionen erfüllen kann.

Garnelen

Neben purem hochwertigem Eiweiß und essenziellen Fettsäuren versorgen die Krebstiere den Körper auch mit Vitaminen und Jod. Empfehlenswert ist es aber, nur Garnelen aus sehr kalten Gewässern und nicht aus Aquakulturen zu verwenden. Die Garnelen sollten außerdem fest sein und nicht nach Fisch riechen.

Frischkäse

Wie Milch, Joghurt und Quark liefert auch Frischkäse als Milchprodukt viel hochwertiges Eiweiß. Schon die Römer haben kein Fest ohne Frischkäse und Feigen gefeiert, dies aber wohl eher aus Geschmacksgründen. Das enthaltene Vitamin A ist außerdem bedeutend für Augen, Wachstum und Immunsystem.

EIWEISS 29

Kichererbsen

Als »Hühnchen« unter den Hülsenfrüchten bieten Kichererbsen dem Körper neben Kohlenhydraten vor allem sehr viel Eiweiß und versorgen ihn so mit wichtigen Aminosäuren. Besonders hoch ist hierbei der Gehalt an Arginin, Leucin und Lysin. Die beiden letzteren sind essenziell, können also so nur über die Nahrung aufgenommen werden. Noch ein Plus: Kichererbsen senken den Cholesterinspiegel.

Sojabohnen

Die Bohne macht mit ihrem sehr hohen Eiweiß- und Kalziumgehalt den Milchprodukten Konkurrenz. Sie beugt noch dazu Krebs vor. Tofu bzw. Sojaquark ist ein wertvolles Erzeugnis aus der Sojabohne. Gerade für Sportler ist bedeutend, dass Tofu im Gegensatz zu Fleisch nicht schwer im Magen liegt.

Hähnchen

Das Fleisch des Hähnchens ist ideal, um sich fettarm und kalorienbewusst zu ernähren, seinen Körper aber trotzdem mit ausreichend Eiweiß zu versorgen. Für Sportler ist der Eiweißlieferant ideal, da er aufgrund des geringen Fettanteils leicht verdaulich ist. Die für die Blutbildung wichtigen Stoffe Eisen und Vitamin B_{12} beugen Blutarmut vor. Das enthaltene Zink ist wichtig für das Immunsystem.

Forelle

Wie die meisten anderen Fische auch, versorgen Forellen den Menschen mit reichlich Eiweiß. Daneben punkten diese Fische mit einem geringen Fett- und Kaloriengehalt und liefern das knochenstärkende Vitamin D und B-Vitamine, die nicht nur den Körper, sondern auch den Geist fit halten.

Rindfleisch

Diese Fleischsorte ist der Spitzenreiter unter den Eiweißlieferanten und enthält zudem noch reichlich Zink, das wichtig für die Blutbildung und das Immunsystem ist. Der hohe Eisengehalt im Rindfleisch ist vor allem für Frauen und Sportler wichtig, da beide Gruppen einen erhöhten Bedarf an Eisen haben.

Fett – Dickmacher oder Fitmacher?

Fett liefert nicht nur Energie, sondern erfüllt zudem ganz wichtige Aufgaben im Stoffwechsel. Um fit und gesund zu bleiben, müssen wir aber vor allem das richtige Fett essen.

Warum ist Fett nichts Schlechtes?
Lange war Fett verpönt. Je weniger, desto besser, lautete das Dogma und fettreduzierte Lebensmittel (»Light«) galten als besonders gesund. Ein Irrglaube. Prinzipiell ist Fett nichts Schlechtes. Fett ist unentbehrlich für die Aufnahme der fettlöslichen Vitamine A, D, E und K aus dem Darm in den Blutkreislauf. Fett polstert innere Organe und isoliert den Körper gegen Kälte. Fettmoleküle sind eine konzentrierte, nahezu unerschöpfliche Energiequelle – für schlechtere Zeiten. Ein Gramm Fett liefert neun Kalorien – also mehr als doppelt so viele wie Kohlenhydrate und Eiweiß. Und Fett verleiht als Träger von Aromastoffen vielen Speisen schließlich den guten Geschmack.

Warum ist Fett nicht gleich Fett?
Vom chemischen Aufbau her sind alle Fette gleich. Sie bestehen aus Glycerin und drei Fettsäuren. Doch diese kleinsten Einheiten, die Fettsäuren, können sehr unterschiedlich sein:

Die **gesättigten Fettsäuren** – sie stecken in tierischen Produkten wie Fleisch und Wurstwaren, Käse, Butter oder Sahne – sind eher schädlich. Sie sind träge, gehen keine Verbindungen ein und enden als Fettpölsterchen auf Rippen und Hüften, in der Leber und im Gehirn.
Ungesättigte Fettsäuren sind für unseren Organismus hochwertiger, sie liefern lebenswichtige Bausteine für Hormone und Abwehrstoffe. Unser Körper kann einige dieser Fettsäuren nicht selbst bilden, sie müssen mit der Nahrung aufgenommen werden. Fette mit ungesättigten Fettsäuren sind in der Regel weich und flüssig und meist pflanzlicher Herkunft. **Einfach ungesättigte Fettsäuren** enthalten chemisch gesehen eine Doppelbindung. Das macht sie beweglicher und bewirkt, dass sie bei Zimmertemperatur flüssig sind. Bestes Beispiel ist das Olivenöl. **Mehrfach ungesättigte Fettsäuren** haben mehrere Doppelbindungen, sie sind immer flüssig. Unter den mehrfach ungesättigten Fettsäuren spielen insbesondere die Omega-6-Fettsäure Linolsäure sowie die Omega-3-Fettsäure alpha-Linolensäure eine wichtige Rolle. Unser Körper kann sie nicht selbst herstellen, braucht sie aber für viele Stoffwechselfunktionen. Sie sind vor allem in Nüssen, Samen, Walnuss- und Leinöl sowie in Fischen (Hering, Lachs, Makrele, Thunfisch) enthalten.

Wie viel von welchem Fett ist gut?
Mit rund 30 Prozent Fett sollten wir unseren täglichen Energiebedarf decken, bis zu 35 Prozent können es bei Leistungssportlern sein. Mehr als zwei Drittel des Fettes sollte aus ungesättigten Fettsäuren bestehen. Doch häufig ist es umgekehrt: Gesättigte Fettsäuren lauern in vielen Lebensmitteln wie Wurst, Käse, Sahne oder Süßigkeiten. Ungesättigte Fettsäuren kommen hingegen oft zu kurz, auf diese sollten Sie deshalb besonders achten – egal, ob Nichtsportler oder Sportler.

Die **Top 5** der Fettlieferanten

Leinöl

Schon ein bis zwei Esslöffel Leinöl täglich reichen, um den Körper gut mit Omega-3-Fettsäuren zu versorgen. Gut für Herz und Gefäße ist mit 1:4 auch das Verhältnis von Omega-6 (Linolsäure) zu Omega-3 (alpha-Linolensäure). Inhaltsstoffe und Qualität des Öls leiden durch Erhitzen und lange Lagerzeiten. Fazit: Für die kalte Küche mein klarer Favorit unter den Pflanzenölen!

Olivenöl

Mit knapp 10 Prozent hat Olivenöl nur einen geringen Anteil an mehrfach ungesättigten Fettsäuren, dafür enthält es viele andere wertvolle Stoffe, etwa herzschützende Polyphenole. Durch sein schützendes Vitamin E ist es lange haltbar und kann als einziges kalt gepresstes Öl zum Braten verwendet werden.

Nüsse

Durch ihren hohen Gehalt an mehrfach ungesättigten Fettsäuren, Vitaminen und Mineralstoffen sind Nüsse wertvolle Energiespender. Reichlich enthalten sind zum Beispiel B-Vitamine, denen Nüsse ihren Ruf als gute Nervennahrung verdanken, sowie Eisen, Kalzium, Magnesium und Kalium. Deshalb lautet die Empfehlung: Häufiger einmal ein paar Nüsse als Fettlieferant einplanen.

Thunfisch

Sogenannte Fettfische wie der Thunfisch sind nicht nur gute Lieferanten für Omega-3-Säuren, sondern versorgen den Körper zugleich mit hochwertigem Eiweiß. Ein weiteres Plus: Als Seefisch liefert Thunfisch viel Jod. Mangelt es dem Körper an diesem Spurenelement, leidet die Leistungsfähigkeit.

Avocado

Obst unter den Top 5 der Fettlieferanten? Die Avocado muss sich mit einem Fettgehalt von über 20 Prozent hier nicht verstecken, zumal es sich dabei fast ausschließlich um die gesunden mehrfach ungesättigten Fettsäuren handelt. Ein Genuss sind nur reife Früchte, sie geben auf leichten Druck nach.

Vitamine & Mineralstoffe – essenziell

Vitamine wirken als Zündfunke für die Energieproduktion des Körpers. Fehlt auch nur ein einziges Vitamin, läuft der Stoffwechsel nicht mehr rund. Ebenso unverzichtbar sind Mineralstoffe. Die Salze des Lebens spielen bei der Energiegewinnung und für Muskeln, Nerven oder Sauerstofftransport im Blut eine ganz entscheidende Rolle.

Warum braucht der Körper Vitamine und Mineralstoffe?

Vitamine und Mineralstoffe sind unverzichtbar für die Energieproduktion im Stoffwechsel. Unser Organismus benötigt diese Mikronährstoffe zwar nur in geringen Mengen, kann aber ohne sie nicht arbeiten. Wer seinen Körper regelmäßig durch sportliche Aktivität zusätzlich fordert, braucht natürlich auch mehr Vitamine und Mineralstoffe. Denn schließlich gehen über den Schweiß unter anderem Kalium, Magnesium und Kalzium verloren, aber auch Jod und Eisen. Mangelt es an einem oder mehreren dieser wichtigen Stoffe, macht sich dies irgendwann bemerkbar, zum Beispiel durch verminderte Leistungsfähigkeit, Müdigkeit oder ein geschwächtes Immunsystem – bei manchen Stoffen wie Eisen recht schnell, bei anderen wie Vitamin B_{12} oft erst nach Jahren.

Die Rolle der Vitamine

Vitamine spielen eine zentrale Rolle bei der Bildung von Zellen, Knochen und Blut. Sie regulieren beispielsweise den Stoffwechsel oder fungieren als Co-Enzyme. Unser Körper kann Vitamine – außer Vitamin D – nicht selbst bilden und auch nur eine gewisse Zeit speichern, er muss sie sich also aus der Nahrung holen.

Prinzipiell ist eine ausreichende Versorgung mit Vitaminen über die Ernährung möglich. Selbst Sportler, die bis zu 15 Stunden pro Woche aktiv sind, haben bei einer ausgewogenen Ernährung mit viel Obst, Gemüse und Vollkornprodukten keinen Vitaminmangel zu befürchten – dies hat eine Studie der Deutschen Sporthochschule Köln ergeben. Kritisch ist die Versorgung bei einigen auch in der Allgemeinbevölkerung problematischen Vitaminen:

- Die Vitamine A, C und E sind nicht nur für das Immunsystem wichtig, sondern wirken auch zellschützend, indem sie zellschädigende Sauerstoffverbindungen unschädlich machen. Diese entstehen unter anderem vermehrt bei großer körperlicher Belastung. Durch Abwechslung bei Obst und Gemüse lässt sich die Versorgung mit Vitamin A und C sicherstellen, pflanzliche Öle sind gute Lieferanten für Vitamin E.
- Vitamin D fördert im Zusammenspiel mit Kalzium starke und widerstandsfähige Knochen. Der Körper bildet es überwiegend durch Sonnenlicht, in Lebensmitteln ist es in Eigelb, Leber und Pilzen enthalten.
- Eine kohlenhydratreiche Ernährung in Verbindung mit Sport erhöht den Bedarf an Vitamin B_1. Eine Unterversorgung geht auf Kosten der Ausdauer. Fleisch, Haferflocken, Hülsenfrüchte und Kartoffeln sind gute Lieferanten für dieses Vitamin.
- Vitamin B_6 ist wichtig für Kraftsportler und spielt eine große Rolle im Eiweißstoffwechsel. Gute Quellen sind z.B. Fleisch, Vollkornprodukte und Hülsenfrüchte.
- Zu wenig Folsäure und Vitamin B_{12} können zu Leistungsschwäche und Blutarmut führen. Folsäure kommt in vielen pflanzlichen und tierischen Lebensmitteln vor, Vitamin B_{12} hingegen fast ausschließlich in tierischen Produkten wie Eiern, Fleisch oder Milch.

Die Rolle der Mineralstoffe

Mineralstoffe (Mengen- und Spurenelemente) unterstützen das Immunsystem, dienen als Baustoffe für Knochen oder sind an der Übertragung von Nervenimpulsen an unsere Muskeln beteiligt. Weil der Körper diese wichtigen Mikronährstoffe nicht selbst herstellen kann, müssen wir sie regelmäßig mit der Nahrung aufnehmen. Schon ein geringer Mangel kann zu Abge-

VITAMINE & MINERALSTOFFE

schlagenheit, Muskelschwäche oder -krämpfen führen. Sportler sollten besonders auf eine ausreichende Zufuhr von Kalzium, Magnesium, Eisen und Zink achten:

- Kalzium sorgt für stabile Knochen. Ein Mangel macht sich langfristig durch den verstärkten Abbau von Knochensubstanz bemerkbar. Es ist in größeren Mengen in Milch(produkten), grünen Gemüsesorten sowie Hülsenfrüchten und Vollkorn enthalten.
- Ein Mangel an Magnesium kann sich in Muskelkrämpfen zeigen. Kohlenhydratreiche pflanzliche Lebensmittel (Getreide, Hülsenfrüchte, Bananen und grünes Gemüse) sind gute Magnesiumlieferanten.
- Eisen ist wichtig für die Blutbildung und den Sauerstofftransport im Körper, spielt somit eine entscheidende Rolle für die Leistungsfähigkeit. Tierische Produkte wie Fleisch und Fisch liefern uns besonders gut verfügbares Eisen, aber auch Hülsenfrüchte sowie einige Gemüse- und Obstsorten leisten einen guten Beitrag zur Versorgung.
- Die Aufnahme von Zink aus der Nahrung kann sich bei extrem ballaststoffreicher Kost verschlechtern, eine verminderte Leistungsfähigkeit ist die Folge. Gute Zinkquellen sind Schweinefleisch, Eier oder Linsen.

Wie sinnvoll sind Nahrungsergänzungsmittel?

Der Verkauf von Vitaminpillen und Co. boomt, hierzulande wird jährlich etwa eine Milliarde Euro damit umgesetzt. Doch die Wirkung von Multi-Vitamin- und Mineralkomplexen ist umstritten. Die Präparate enthalten viele weitere Substanzen, zum Beispiel Aminosäuren, Ballaststoffe, Lipide, Probiotika und sekundäre Pflanzenstoffe. Per Definition zählen Nahrungsergänzungsmittel als Lebensmittel. Deswegen dürften sie eigentlich keine pharmakologische Wirkung haben. Ernährungsexperten warnen zum einen davor, täglich Kombinationspräparate zu schlucken, da dies das eigene Immunsystem »faul« mache. Zudem sind Überdosierungen möglich. Bedenklich kann das bei den fettlöslichen Vitamine A, D, E und K werden. Diese reichern sich im Körper an und können die Organe schädigen. Zu viel Vitamin C kann Nierensteine und Durchfall begünstigen, Vitamin E in großen Mengen hemmt die Blutgerinnung. Die chronisch vermehrte Aufnahme von Eisen kann die Leber schädigen. Wer nicht auf die Präparate verzichten möchte, sollte sich die Packungsangaben und Empfehlungen genau durchlesen.

Die **Top 10** für Vitamine und Mineralien

Bei den Begriffen »Vitamine« und »Mineralstoffe« denken die meisten sofort an Obst und Gemüse. Und das zu Recht: Kaum eine andere Lebensmittelgruppe hält in Menge und Vielfalt eine derartig große Palette an diesen lebenswichtigen Mikronährstoffen bereit.

Apfel

Der Allrounder auf dem Obstteller punktet vor allem mit Vitamin C und Ballaststoffen. Schon ein Apfel von 200 g deckt mit rund 24 mg Vitamin C ein Viertel der von Ernährungsexperten empfohlenen Tagesmenge. Essen Sie Äpfel möglichst mit Schale, denn direkt darunter ist der Vitamingehalt besonders hoch.

Datteln

Die süßen Früchtchen liefern mit ihrem hohen Zuckergehalt schnell verfügbare Energie und helfen dabei, Mineralstoffverluste auszugleichen. Insbesondere ihr Gehalt an Kalium, Kalzium, Magnesium aber auch Eisen kann sich sehen lassen. Frische Ware erhalten Sie im Winter, getrocknete ganzjährig.

Paprikaschoten

Neben einem nahezu unschlagbar hohen Vitamin-C-Gehalt hat das farbenfrohe Gemüse auch reichlich Betacarotin (Provitamin A) und Vitamin E im Gepäck. Das Trio schützt vor freien Radikalen (reaktive Sauerstoffverbindungen), die im Körper bei hoher sportlicher Belastung vermehrt gebildet werden und ohne Abwehr unsere Zellen schädigen würden.

Grapefruit

Die basische Zitrusfrucht nutzt Sportlern in vielerlei Hinsicht: Der hohe Saftgehalt trägt zur Deckung des Flüssigkeitsbedarfs bei und liefert leicht verwertbare Kohlenhydrate. Zugleich enthält die Frucht viele Vitamine und Pflanzenstoffe, die positiv auf das Immunsystem und das Herz-Kreislauf-System wirken.

Papaya

Die orange Farbe des Fruchtfleischs zeigt, dass hier antioxidativ wirksame Carotinoide im Spiel sind. Aber auch als Lieferant für Vitamin C sowie die Mineralstoffe Kalium und Kalzium trumpft die exotische Frucht auf. Achten Sie darauf, dass die Papaya wirklich reif ist – nur dann schmeckt sie gut.

VITAMINE & MINERALSTOFFE

Tomaten

Beliebt bei Groß und Klein: Über 20 Kilogramm Tomaten isst ein Deutscher durchschnittlich im Jahr – etwa ein Drittel davon frisch, den Rest in Form verarbeiteter Tomatenprodukte. Vom Pflanzenfarbstoff Lycopin – ein zellschützendes Carotinoid – profitiert der Körper erst, wenn das Gemüse gekocht wurde. Wer mehr Wert auf das reichlich enthaltene Vitamin C legt, sollte Tomaten hingegen roh essen.

Kohl

Die Familie der Kohlgewächse hat jedem etwas zu bieten: Wer kräftigen Kohlgeschmack liebt, liegt mit Weiß- und Rotkohl oder Wising richtig, dezenter im Geschmack und leichter verdaulich ist Brokkoli, Blumenkohl oder Kohlrabi. Voller Vitamine, Mineralstoffe und gesunder Pflanzenstoffe stecken sie alle.

Beeren

Sommerzeit ist Beerenzeit! Dann heißt es zugreifen und am besten täglich eine große Portion davon vernaschen. Eine bunte Mischung aus Erdbeeren, Himbeeren, Heidelbeeren und Johannisbeeren trägt zur Versorgung mit Vitamin C, Kalzium, Magnesium, Eisen und Folsäure bei – Mikronährstoffe, auf die Sportler ein besonderes Augenmerk haben sollten.

Möhren

Mit ihrem Betacarotin, Vitamin C und E sowie Zink sind Möhren ein Booster für das Immunsystem, zudem stärkt das Wurzelgemüse Haut, Haare und Augen und schützt vor starker UV-Strahlung. Damit der Körper das Betacarotin ausnutzen kann, müssen Möhren mit etwas Fett verzehrt werden.

Salate

Zu meinen Favoriten zählen hier eindeutig die leicht herben Sorten wie Radicchio, Endivie oder Chicorée. Mit ihren Bitterstoffen regen sie den Gallenfluss an und verbessern die Fettverdauung. Für alle Blattsalate gilt: Nur was ganz knackig frisch ist, hat in puncto Vitaminen und Mineralstoffen etwas zu bieten.

Unser Wasserhaushalt

Wasser ist neben Sauerstoff unser wichtigstes »Lebens-Mittel«. Um unsere rund 100 Billionen Körperzellen optimal mit dem flüssigen Lebenselixier zu versorgen, sollten wir täglich etwa drei Liter davon aufnehmen.

Was passiert bei Flüssigkeitsmangel?

Der menschliche Körper besteht zu über 70 Prozent aus Wasser. Ohne ausreichend Wasser im Körper kann der »Stoffwechselmüll« (zum Beispiel Kohlendioxyd, Milchsäure) nicht mehr in einer bestimmten Konzentration gelöst und über die Nieren mit dem Urin ausgeschieden werden. Ohne ausreichend Wasser im Körper dickt auch das Blut ein, was die Wärmeabgabe vermindert. Dann steigen Körpertemperatur und Herzfrequenz an, die Muskeln werden schlechter mit Sauerstoff und Nährstoffen versorgt – bei Flüssigkeitsmangel läuft also eine fatale Kettenreaktion ab. Es können Kopfschmerzen und Schwindelgefühle auftreten. Bereits bei fünf Prozent weniger Flüssigkeit im Körper lassen Konzentration, Koordination und die Leistung deutlich nach.

Flüssigkeit erfüllt in unserem Körper viele spezielle Aufgaben:
- Wasser löst die Nährstoffe auf und transportiert sie über das Blut zu allen Körperzellen und Organen
- Wasser ist für die gesunde Funktion von Herz, Kreislauf und Nieren zuständig
- Wasser schmiert die Gelenke
- Wasser ist ein elementares Kühlmittel.

Was passiert, wenn wir schwitzen?

Während einer Stunde Sport verlieren wir bis zu eineinhalb Liter Flüssigkeit in Form von Schweiß. Mit dem Schweiß werden auch wichtige Mineralstoffe (Elektrolyte; Natrium, Kalium, Kalzium, Magnesium) ausgeschieden. Mengenmäßig geht am meisten Natrium verloren. Ein Liter Schweiß enthält rund 2,5 Gramm Salze – davon ein Gramm Natrium. Bei ungewohnt langen Belastungen und bei großer Hitze kann es im Körper zum Natriummangel (Hyponatriumämie) kommen. Die Anzeichen: steife Muskeln, starker Harndrang, Übelkeit, Muskelkrämpfe. Wenn wir beim Sport von Muskelkrämpfen geplagt werden, lassen sich diese nur mit Natrium beheben, nicht aber mit Magnesium, wie viele fälschlicherweise meinen. Wer während einer Belastung seinem Körper Magnesium zuführt, tut sich nichts Gutes – es kann zu Magenkrämpfen und Durchfall kommen.

Wie viel sollten wir täglich trinken?

Der Körper kann nur reibungslos funktionieren, wenn unser Wasserhaushalt ausgeglichen ist. Klar, das gilt besonders, wenn wir sportlich aktiv sind. Aber auch sonst können wir nur Leistung bringen, wenn wir über den Tag verteilt reichlich trinken. Unser täglicher Wasserbedarf hängt davon ab, wie groß und schwer wir sind, und unter welchen klimatischen Bedingungen wir leben. Faustregel: Wir brauchen täglich rund 40 Milliliter Wasser pro Kilo Körpergewicht. Der Bedarf eines 74 Kilo schweren Mannes: knapp 3 Liter; der Bedarf einer 59 Kilo leichten Frau: 2,4 Liter.

Wir geben jeden Tag etwa zwei Liter Körperwasser ab – über den Urin, aber auch über den Atem und in Form von Schweiß, mit dem Körpergifte ausgeschieden werden. Wenn wir nicht genug trinken, versucht der Körper diese Gifte im Gewebewasser zu neutralisieren, und das schwemmt uns auf.

Im Idealfall nehmen wir schon rund einen Liter Flüssigkeit über die Nahrung auf (besonders aus Obst und Gemüse). Kaffee und Alkohol werden in die Flüssigkeitsbilanz mit eingerechnet. Allerdings wirkt Alkohol harntreibend – und im Rahmen einer ausgewogenen Ernährung ist er zudem nicht zu empfehlen. Übrigens: Ein dunkler Urin zeigt ziemlich zuverlässig an, wenn zu wenig getrunken wurde. Normalerweise ist Durst aber ein sicheres Signal. Schon bei 0,5 Prozent Wasserverlust schlägt unser Körper Alarm – bitte trinken!

WASSERHAUSHALT 37

Gibt es ein ideales Sportlergetränk?

Ja, Apfelsaft gemischt mit Mineralwasser, das reich an Magnesium (möglichst über 100 mg pro Liter), Natrium und Kalium ist, liefert ausreichend Zucker und Elektrolyte.

Und die sogenannten »isotonischen Getränke«, über die so viele irreführende Informationen im Umlauf sind – wie gut sind diese?

Diese speziellen Sportlergetränke sind ein Mix aus Wasser, Zucker und Mineralstoffen (meist Natrium und Kalium), deswegen heißen sie auch Elektrolytgetränke. Manche sind zudem mit Vitaminen und Eiweißen angereichert oder enthalten die Wachmacher Taurin und Koffein. Für den Geschmack sorgen Fruchtsäfte.

Ob diese Getränke wirklich leistungssteigernd wirken, ist wissenschaftlich nicht belegt. Helmut Heseker, Präsident der Deutschen Gesellschaft für Ernährung, erklärt unmissverständlich: »Für Freizeitsportler oder auch für Kinder ist Wasser oder Saftschorle zur Flüssigkeitszufuhr ausreichend. Spezielle Sportlergetränke sind vollkommen unnötig.«

> ### Auf einen Blick
Fünf allgemeine Trinktipps

✔ Trinken Sie gleich nach dem Aufstehen ein bis zwei Gläser lauwarmes Wasser. Das fördert die Verdauung und gleicht aus, was in der Nacht abgeatmet wurde.

✔ Trinken Sie jede Stunde ein Glas Wasser. Deponieren Sie es in der Wohnung und am Arbeitsplatz in greifbarer Nähe – so werden Sie ständig ans Trinken erinnert.

✔ Trinken Sie vor dem Training bis zu einen halben Liter. Am besten (Apfel-)Saftschorle (Mischungsverhältnis: 1 Teil Saft, 3 Teile Wasser) Früchte- und Kräutertee, Grünen Tee (wirkt antioxidativ), Gemüsesäfte und Fruchtsäfte.

✔ Trinken Sie lieber kleine Schlucke als zu viel auf einmal und zu hastig.

✔ Füllen Sie nach dem Sport den Flüssigkeitsverlust wieder auf, am besten mit Mineralwasser, ungesüßtem Tee oder leichten Saftschorlen.

Die **5** besten Garmethoden

Unser Körper kann auch aus den gesündesten Lebensmitteln nur dann ausreichend Nährstoffe ziehen, wenn diese in den zubereiteten Gerichten noch enthalten sind – und das gelingt, wenn Lebensmittel auf die richtige Art und Weise schonend gegart werden. Daher spielt in meinem Konzept der Energiequalität neben der Qualität der Nahrungsmittel auch die Wahl der richtigen Garmethode für dieses Lebensmittel eine entscheidende Rolle. Beim Dämpfen z.B. liegt das Gargut in einem Einsatz und kann so bei geschlossenem Deckel im Wasserdampf (ganz ohne Fett) weich garen. Zum Braten eines Steaks in der Pfanne reicht wenig Öl, das mit dem Pinsel verteilt wird. Fischfilets lassen sich wunderbar schonend im Backofen zubereiten. Und wird Gemüse nur in wenig Flüssigkeit gedünstet, bleibt ein Großteil der enthaltenen Vitamine erhalten.

> Richtig dämpfen (z.B. Fisch)

1. Den Boden eines Dämpftopfs etwa 2 cm hoch mit Wasser bedecken und das Wasser aufkochen.

2. Den Dämpfeinsatz mit Öl einpinseln, in den Topf setzen und die Fischfilets darauflegen. Zugedeckt bei milder Hitze 8 bis 10 Minuten dämpfen.

3. Die gegarten Fischfilets mit einem hochwertigen Öl bestreichen und je nach Rezept würzen.

> Richtig dünsten (z.B. Möhren)

1. Wenig Flüssigkeit, etwa Wasser oder Gemüsebrühe, in einen Topf geben, sodass der Topfboden gerade bedeckt ist.

2. Die in Scheiben geschnittenen Möhren in den Topf geben, eventuell 2 bis 3 Ingwerscheiben dazugeben und zugedeckt 12 bis 15 Minuten dünsten.

3. Die weich gedünsteten Möhren mit Kräutern und einem hochwertigen Öl, etwa Vital- oder Nussöl oder auch Olivenöl, verfeinern.

GARMETHODEN

> Richtig pochieren (z.B. Garnelen)

1. In einem Topf reichlich Salzwasser aufkochen. Den Topf vom Herd nehmen und die Garnelen hineingeben.

2. Die Garnelen 2 Minuten ziehen lassen, dann mit dem Schaumlöffel herausheben oder in ein Sieb abgießen.

3. Je nach Rezept weiterverwenden. Oder in wenig Brühe wenden und mit Scampigewürz und Chilisalz würzen.

> Richtig im Backofen garen (z.B. Lachs)

1. Ein trocken getupftes Lachsfilet auf einen Porzellanteller legen und mit Frischhaltefolie abdecken.

2. Backofen auf 80 °C vorheizen. Den Fisch im Ofen auf der mittleren Schiene etwa 25 Minuten garen.

3. Das gegarte Lachsfilet mit 1 TL hochwertigem Öl einpinseln und anschließend würzen, z.B. mit Chilisalz.

> Richtig fettarm in der Pfanne braten (z.B. Steak)

1. Die beschichtete Pfanne bei mittlerer Temperatur erhitzen. Wenig Öl mit einem Pinsel dünn darin verstreichen.

2. Das Fleisch (hier Rindersteak) bei milder Hitze von beiden Seiten etwa 2 bis 4 Minuten braun anbraten.

3. Das Fleisch auf einen Teller mit Küchenpapier legen und überschüssiges Fett von der Oberseite abtupfen.

Frühstück, Snacks & Drinks

Powermüsli

mit Früchten und Nüssen

Zutaten für 4 Personen

2 EL gemischte Nüsse
(z. B. Cashewkerne, Haselnusskerne, Mandeln, Paranuss- und Walnusskerne)
½ Apfel
½ Birne
1 kleine Banane
450 g Naturjoghurt (aus Kuh- oder Schafsmilch)
70 g Honig
100 ml frisch gepresster Orangensaft
1 EL Poweröl
(oder ein anderes Omega-3-Öl)
50 g kernige Haferflocken
1 EL Rosinen

1 Die Nussmischung grob hacken. Den Apfel und die Birne vierteln, schälen und die Kerngehäuse entfernen. Die Apfel- und Birnenviertel auf der Gemüsereibe raspeln oder in sehr kleine Würfel schneiden. Die Banane schälen und klein schneiden.

2 Den Joghurt mit dem Honig, dem Orangensaft und dem Öl glatt rühren. Die Joghurtmischung mit den Nüssen, dem Obst, den Haferflocken und den Rosinen in Gläser schichten oder auf Schälchen verteilen. Nach Belieben mit etwas Honig beträufeln und mit Schuhbecks Vital-Powermix oder geschroteten Leinsamen bestreuen.

Mein Gesundheitstipp

›› Haferflocken sind ein natürliches ›Dopingmittel‹: Sie bieten eine optimale Mischung aus komplexen Kohlenhydraten, wie Stärke und Ballaststoffen, und liefern damit lang anhaltend gleichmäßig Energie. Daneben ist Hafer das eiweißreichste Getreide mit vielen essenziellen Aminosäuren. Die enthaltenen B-Vitamine sorgen für zusätzliche Power und in der Kombi mit den Spurenelementen Zink, Mangan und Kupfer auch für schöne Haut. ‹‹

Frühstücksquark
mit bunten Beeren

Zutaten für 4 Personen
200 ml Milch
2 geh. TL Frühstücksquark-Gewürzmischung (ersatzweise ½ TL Zimtpulver und 1 Msp. Vanillepulver)
700 g Magerquark
2–3 EL Honig (oder Ahornsirup)
4 Pipetten Ingwertropfen (ersatzweise etwas geriebener Ingwer)
2 EL Poweröl (oder ein anderes Omega-3-Öl)
8 EL gemischte Beeren (z.B. Blaubeeren und Himbeeren; oder nach Belieben andere Früchte)
3 EL Vital-Powermix (ersatzweise frisch geschroteter Leinsamen)

1 Die Milch mit der Frühstücksquark-Gewürzmischung in einem Topf verrühren und erwärmen, aber nicht kochen lassen.

2 Den Quark in einen hohen Rührbecher geben und die Gewürzmilch dazugießen. Den Honig, die Ingwertropfen und das Öl hinzufügen und alles mit dem Stabmixer cremig rühren, bis die Quarkmasse glänzt.

3 Die Beeren verlesen, waschen und trocken tupfen. Beeren mit dem Frühstücksquark mischen und in Schälchen verteilen. Zum Servieren mit dem Powermix bestreuen.

Mein Gesundheitstipp

>> *Fett, das fit macht: Das Poweröl hat einen hohen Leinölanteil. Leinöl ist reich an Omega-3-Fettsäuren. Diese verbessern die Fließeigenschaften des Bluts und hemmen Entzündungsprozesse im Körper.*
Ingwer ist ja eines meiner Lieblingsgewürze. Neben seinem einzigartigen Aroma wirkt er in vielfältiger Weise positiv auf die Gesundheit: So hat er unter anderem schmerzstillende, entzündungshemmende und antibakterielle Eigenschaften und hilft, das Herz-Kreislauf-System zu stärken. «

Curry-Limetten-Aufstrich
und Räucherforellen-Aufstrich

Zutaten für je 400 g

Für den Curry-Limetten-Aufstrich:
1 EL mildes Currypulver
3 EL heiße Gemüsebrühe
300 g Frischkäse (Rahmstufe)
100 g Naturjoghurt
1 EL Poweröl
(oder ein anderes Omega-3-Öl)
abgeriebene Schale von
1 unbehandelten Limette
mildes Chilisalz

Für den Räucherforellen-Aufstrich:
1 Ei · 3 eingelegte Sardellen
1 TL Kapern
1 Räucherforellenfilet (ohne Haut)
3 EL Milch
½ TL FC Bayern-Chili-Grillgewürz
(oder ein anderes Grillgewürz)
300 g Frischkäse (Rahmstufe)
1 EL Poweröl
(oder ein anderes Omega-3-Öl)
2 EL Schnittlauchröllchen
1 Spritzer Zitronensaft
½ TL abgeriebene unbehandelte
Zitronenschale
Salz

Außerdem:
8 Scheiben Vollkornbrot

Curry-Limetten-Aufstrich

1 Das Currypulver in einer kleinen Schüssel mit der heißen Brühe sämig verrühren.

2 Die Gewürzbrühe mit Frischkäse, Joghurt und Öl glatt rühren. Die Limettenschale unterrühren und den Curry-Limetten-Aufstrich mit Chilisalz abschmecken. Mit dem Vollkornbrot servieren.

Räucherforellen-Aufstrich

1 Das Ei in kochendem Wasser 10 Minuten hart kochen. Dann kalt abschrecken, pellen und fein hacken. Die Sardellen und die Kapern fein hacken. Räucherforellenfilet in kleine Stücke schneiden.

2 Die Milch in einem Topf erwärmen und das Chili-Grillgewürz hineinrühren. Den Frischkäse mit der Gewürzmilch und dem Öl cremig rühren. Dann Ei, Sardellen, Kapern, Räucherforelle und Schnittlauch unterrühren. Den Aufstrich mit Zitronensaft, -schale und Salz würzen.

3 Den Räucherforellen-Aufstrich auf die Brotscheiben streichen und nach Belieben mit Schnittlauch bestreuen.

Mein Gesundheitstipp

» *Ein Frühstück par excellence: Frischkäse lässt sich äußerst vielfältig variieren. Ob süß mit frischen Früchten oder Konfitüre oder pikant wie oben im Rezept abgeschmeckt – er ist ein idealer Belag für Vollkorn- oder Knäckebrot. Frischkäse macht satt ohne zu belasten und liefert wertvolles Eiweiß für starke Muskeln.* «

Vitaminbrot
mit Spiegelei

Zutaten für 4 Brote
4 Radieschen (ca. 50 g)
2 Tomaten
4 Salatblätter (z. B. Kopfsalat, Radicchio oder Romana)
1 TL Zitronensaft
1 TL Poweröl (oder ein anderes Omega-3-Öl)
mildes Chilisalz
4 Scheiben Vollkornbrot
120 g Frischkäse (Rahmstufe)
Butterbrotgewürz (oder Brotzeitgewürz; ersatzweise bunter Pfeffer)
4 Scheiben gekochter Schinken (z. B. Putenschinken)
1 TL Öl · Salz
4 Eier
einige Kräuterblätter

1 Die Radieschen putzen, waschen und auf der Gemüsereibe in feine Scheiben hobeln. Die Tomaten waschen und in Scheiben schneiden, dabei die Stielansätze entfernen. Die Salatblätter waschen, trocken tupfen und in mundgerechte Stücke zupfen. Mit dem Zitronensaft und dem Öl beträufeln und mit Chilisalz würzen.

2 Die Brotscheiben mit dem Frischkäse bestreichen und mit dem Butterbrotgewürz großzügig bestreuen. Erst die Salatblätter, dann die Tomatenscheiben auf die Brotscheiben setzen und mit dem Schinken belegen.

3 Eine große Pfanne bei milder Temperatur erhitzen, das Öl mit einem Pinsel auf dem Pfannenboden verstreichen und etwas Salz hineinstreuen. Die Eier aufschlagen und nebeneinander in die Pfanne geben. Die Eier bei milder Hitze einige Minuten zu Spiegeleiern stocken lassen.

4 Die Spiegeleier aus der Pfanne nehmen und je ein Spiegelei auf eine Brotscheibe legen. Das Vitaminbrot mit den Radieschenscheiben und den Kräuterblättern garniert servieren.

Mein Gesundheitstipp

» Ein Hoch auf das Pausenbrot: Vollkornbrot sollten Sie täglich auf Ihren Speiseplan setzen, denn es liefert reichlich Ballaststoffe. Diese kommen ausschließlich in pflanzlichen Lebensmitteln vor, sie sind wichtig für die Gesundheit der Darmflora und unterstützen die Verdauung. Daneben ist Vollkornbrot ein wichtiger Lieferant für Niacin. Das B-Vitamin ist am Stoffwechsel der drei großen Nährstoffgruppen Kohlenhydrate, Eiweiß und Fette beteiligt. «

# Bauernbrot
mit gebratenem Gemüse und gebeiztem Lachs

Zutaten für 4 Brote

Für das gebratene Gemüse:
je ½ gelbe und rote Paprikaschote
½ weiße Zwiebel
100 g Zucchino
½ TL Puderzucker
1 Knoblauchzehe (in Scheiben)
2 Scheiben Ingwer
1 Zweig Thymian
1 Streifen unbehandelte Zitronenschale
1 TL Olivenöl
mildes Chilisalz

Für den Senf-Joghurt-Dip:
100 g griechischer Joghurt
2 TL Dijon-Senf
½ TL Honig
1 TL Dillspitzen (frisch geschnitten)
mildes Chilisalz

Außerdem:
4 Scheiben Bauernbrot
12 Scheiben gebeizter Lachs
(ca. 250 g)

1 Für das gebratene Gemüse die Paprikaschoten halbieren, entkernen, waschen und in etwa 1 ½ cm große Stücke schneiden. Die Zwiebel schälen und in 1 bis 1 ½ cm große Stücke schneiden. Den Zucchino putzen, waschen, längs vierteln und in etwa ½ cm dicke Scheiben schneiden.

2 Den Puderzucker in einer Pfanne bei mittlerer Hitze goldbraun karamellisieren. Die Paprikawürfel und die Zwiebelstücke darin etwa 5 Minuten anbraten. Die Zucchinischeiben mit Knoblauch, Ingwer, Thymian und Zitronenschale dazugeben und alles 2 Minuten weiterbraten. Die ganzen Gewürze entfernen, das Olivenöl unterrühren und das Gemüse mit Chilisalz würzen.

3 Für den Senf-Joghurt-Dip den Joghurt mit Senf und Honig glatt rühren. Den Dill untermischen und den Dip mit Chilisalz würzen.

4 Das Gemüse auf den Bauernbrotscheiben verteilen, je 3 Scheiben Lachs darauflegen und das Brot mit dem Senf-Joghurt-Dip beträufelt servieren.

Mein Gesundheitstipp

>> *Ob für die kalte Küche oder zum Verfeinern von warmen Gerichten: Senf ist ein Multitalent und vielfältig einsetzbar. Auch aus ernährungsphysiologischer Sicht ist der ›Scharfmacher‹ nicht zu verachten: Er wirkt antibakteriell und desinfizierend, das enthaltene Senföl fördert die Fettverdauung. Geben Sie also ruhig öfter mal (Ihren) Senf dazu!* <<

FRÜHSTÜCK, SNACKS & DRINKS

Powerriegel
mit Cranberrys, Zimt und Honig

Zutaten für 70–80 Stück

300 g getrocknete Datteln
100 g Pistazienkerne
50 g helle Sesamsamen
50 g gehackte Haselnusskerne
100 g Mandelblättchen
100 g getrocknete Cranberrys
80 g kernige Haferflocken
Butter für das Blech
6 rechteckige Backoblaten
(à 12 x 20 cm)
300 g Honig
3 Eiweiß
1 TL Zimtpulver
1 Msp. Vanillepulver
1 Msp. Nelkenpulver
1 EL Zitronensaft

1 Die Datteln in etwa ½ cm große Stücke schneiden. Die Pistazien grob hacken. Sesam, Haselnüsse und Mandelblättchen in einer Pfanne ohne Fett bei milder Hitze hellbraun anrösten und abkühlen lassen.

2 Die Datteln mit den Cranberrys, den Haferflocken, den Pistazien und dem gerösteten Nussmix aus der Pfanne mischen.

3 Den Backofen auf 180°C vorheizen. Ein Backblech mit Butter einfetten und mit den Oblaten auslegen.

4 Den Honig und die Eiweiße in eine Metallschüssel geben. In einem Topf etwa 2 cm hoch Wasser aufkochen. Die Schüssel daraufsetzen und unter Rühren mit dem Schneebesen auf etwa 95°C erhitzen.

5 Die Schüssel vom Wasserbad nehmen. Zimt, Vanille, Nelkenpulver und Zitronensaft zur Honig-Eiweiß-Mischung geben und die Trockenfrucht-Nuss-Mischung mit dem Teigschaber unterrühren. Die Masse mit dem Teigschaber oder einer Teigkarte gleichmäßig auf die Oblaten streichen.

6 Die Riegel im Ofen auf der untersten Schiene 15 bis 20 Minuten saftig durchbacken. Mit einem Messer noch warm in etwa 3 x 8 cm große Rechtecke schneiden. Zum Aufbewahren in gut verschließbare Dosen schichten, dabei je ein Blatt Backpapier zwischen die Schichten legen.

Mein Gesundheitstipp

» *Die Powerriegel sind perfekt für den schnellen Energieschub, denn mit diesen kleinen Kraftpaketen können leere Speicher rasch wieder aufgefüllt werden. Neben schnell verfügbarer Energie in Form von Zucker aus Datteln und Cranberrys liefert das Dreamteam Sesam und Mandeln reichlich Eiweiß, wertvolle ungesättigte Fettsäuren und Magnesium.* «

Offenes Omelett
mit Tomate, Mozzarella und Kräutersalat

Zutaten für 2 Omeletts
(à ca. 20 cm Durchmesser)

Für das Omelett:
50 g Champignons
1 Tomate
½ Kugel Mozzarella (ca. 65 g)
Salz
4 Eier
4 EL Milch
ca. 1 TL Öl
mildes Chilisalz

Für den Kräutersalat:
1 Handvoll gemischte Kräuterblätter (z. B. Basilikum, Dill, Kerbel, Kresse, Minze und Petersilie)
1 Spritzer Zitronensaft
1 Msp. abgeriebene unbehandelte Zitronenschale
1 TL Olivenöl
Salz · Pfeffer aus der Mühle

1 Für das Omelett den Backofengrill einschalten und das Ofengitter auf die unterste Schiene schieben. Die Champignons putzen, falls nötig, mit Küchenpapier trocken abreiben und in etwa ½ cm dicke Scheiben schneiden. Die Tomate waschen und in Scheiben schneiden, dabei den Stielansatz entfernen. Den Mozzarella halbieren, in Scheiben schneiden und mit Salz würzen. Die Eier mit der Milch verquirlen.

2 Eine ofenfeste Pfanne bei milder Temperatur erhitzen und ½ TL Öl mit dem Pinsel auf dem Pfannenboden verstreichen. Die Hälfte der Pilze hineingeben, kurz verrühren und salzen. Die Hälfte der Eiermischung in die Pfanne gießen und je die Hälfte der Tomaten- und Mozzarellascheiben darauflegen. Das Omelett auf dem Herd etwa ½ Minute anbacken lassen.

3 Die Pfanne in den Ofen stellen und das Omelett 2 bis 3 Minuten backen, bis es leicht souffliert. Herausnehmen und warm halten. Aus den restlichen Zutaten auf die gleiche Weise ein zweites Omelett zubereiten.

4 Für den Kräutersalat die Kräuterblätter waschen und trocken schütteln. Den Zitronensaft, die Zitronenschale und das Olivenöl mischen. Das Dressing mit Salz und Pfeffer würzen und die Kräuterblätter damit marinieren.

5 Die Omeletts auf vorgewärmte Teller gleiten lassen und mit Chilisalz würzen. Den Kräutersalat darauf anrichten.

Mein Gesundheitstipp

» Powerstoff für unsere grauen Zellen: Das im Eigelb reichlich enthaltene Lezithin ist Baustein der Nervenzellmembranen im Gehirn und nimmt unmittelbar Einfluss auf deren Funktionstüchtigkeit – ausreichend Lezithin fördert die Merk- und Lernfähigkeit des Gehirns. «

FC Bayern-Burger
mit Senfdip

Zutaten für 4 Personen

Für den Senfdip:
100 g Rahmjoghurt
1–2 EL Milch
2 TL Dijon-Senf · 2 TL süßer Senf
1 Spritzer Zitronensaft
Salz · mildes Chilisalz

Für die Fleischpflanzerl:
500 g mageres Rindfleisch
(aus der Oberschale; ersatzweise Rinderhackfleisch)
1 kleine weiße Zwiebel
100 g Gemüsebrühe
1–2 TL Dijon-Senf
1 EL Petersilienblätter
(frisch geschnitten)
4 Eigelb · 1 Knoblauchzehe
1 TL fein geriebener Ingwer
1 TL Chili-Grillgewürz
(oder Steak- und Grillgewürz)
mildes Chilisalz
1–2 EL Öl

Außerdem:
1 große Tomate
ca. 80 g Salatgurke
4 Kopfsalatblätter
4 Laugensemmeln

1 Für den Senfdip den Joghurt mit der Milch und den beiden Senfsorten glatt rühren. Mit Zitronensaft, Salz und 1 Prise Chilisalz würzen.

2 Für die Fleischpflanzerl das Rindfleisch mit einem scharfen Messer zunächst in dünne Scheiben, dann in möglichst kleine Würfel schneiden. Die Zwiebel schälen und in feine Würfel schneiden. Die Brühe in einer Pfanne erhitzen und die Zwiebel darin köcheln, bis die Brühe verkocht ist, dann abkühlen lassen.

3 Das Hackfleisch mit der Zwiebel, dem Senf, der Petersilie und den Eigelben in eine Schüssel geben. Den Knoblauch schälen und hineinreiben, den Ingwer dazugeben. Alles mit Chili-Grillgewürz und Chilisalz würzen und gut mischen.

4 Aus der Masse mit angefeuchteten Händen 4 große, flache Fleischpflanzerl formen. Das Öl in einer Pfanne erhitzen und die Pflanzerl darin bei mittlerer Hitze auf beiden Seiten hellbraun anbraten – sie sollten innen noch rosa sein.

5 Die Tomate waschen und in dünne Scheiben schneiden, dabei den Stielansatz entfernen. Die Gurke schälen, längs halbieren und in Scheiben schneiden. Die Salatblätter waschen und trocken schleudern.

6 Die Semmeln waagerecht aufschneiden und die Schnittflächen in einer unbeschichteten Pfanne ohne Fett leicht anrösten. Die Unterseiten der Semmeln jeweils mit Salatblättern, Tomaten- und Gurkenscheiben belegen, je 1 Pflanzerl daraufsetzen, den Senfdip darüberträufeln und die Oberseite der Semmeln auflegen.

Mein Gesundheitstipp

» *Burger als Sportlernahrung? Jawohl! Das magere Rindfleisch ist eine ausgezeichnete Quelle für das ›Nervenvitamin‹ B_{12}. Dieses Vitamin wirkt an der Bildung der Schutzhülle der Nervenfasern mit. Außerdem ist es unentbehrlich für die Produktion der roten Blutkörperchen. Auch Folsäure kann im Körper nur wirken, wenn gleichzeitig genug Vitamin B_{12} vorhanden ist.* «

FRÜHSTÜCK, SNACKS & DRINKS 53

Hähnchen-Wrap
mit Kräuterjoghurt und Walnüssen

Zutaten für 4 Personen

Für den Kräuterjoghurt:
200 g Naturjoghurt
1–2 EL gemischte Kräuterblätter
(z. B. Basilikum, Dill, Kerbel, Minze
und Petersilie; frisch geschnitten)
½ TL Dijon-Senf
½ TL abgeriebene unbehandelte
Limettenschale
½–1 TL Limettensaft
mildes Chilisalz
Zucker

Außerdem:
4 Handvoll Rucola (ca. 80 g)
2 EL Minzeblätter
100 g Salatgurke
2 Hähnchenbrustfilets (à ca. 150 g)
½–1 TL Öl
1 EL mildes Olivenöl
1 geh. TL Brathähnchengewürz
(oder Steakgewürz)
mildes Chilisalz
4 Weizentortillas (Fertigprodukt)
2 EL gehackte Walnusskerne

1 Für den Kräuterjoghurt den Joghurt mit den geschnitten Kräutern, dem Senf sowie Limettenschale und -saft verrühren und mit etwas Chilisalz und Zucker würzen.

2 Den Rucola verlesen, waschen, trocken schleudern und die Blätter abzupfen. Die Stiele fein schneiden, die Blätter in 1 bis 2 cm lange Stücke schneiden. Die Minze waschen, trocken tupfen und fein schneiden. Rucola und Minze mischen. Die Gurke waschen und in Würfel schneiden.

3 Die Hähnchenbrustfilets waschen, trocken tupfen, längs halbieren und in Streifen schneiden. Eine Pfanne bei mittlerer Temperatur erhitzen, das Öl mit einem Pinsel auf dem Pfannenboden verstreichen und die Hähnchenbruststreifen darin auf beiden Seiten 2 bis 3 Minuten anbraten. Die Pfanne vom Herd nehmen, die Hähnchenstreifen mit dem Olivenöl und dem Brathähnchengewürz mischen und mit Chilisalz würzen.

4 Die Tortillafladen nacheinander in einer Pfanne bei mittlerer Hitze ohne Fett auf beiden Seiten kurz erwärmen. Sofort mit dem Kräuterjoghurt bestreichen, die Ränder dabei frei lassen.

5 Die Rucola-Minze-Mischung auf den Tortillas verteilen, die Gurkenwürfel und die Walnüsse daraufstreuen. Die Füllung mit Chilisalz leicht würzen und die Hähnchenstreifen darauf verteilen. Den unteren Tortillarand jeweils leicht nach oben über die Füllung schlagen und dann die Fladen von einer Seite her aufrollen.

Mein Gesundheitstipp

›› *Nicht nur für Sportler optimal: Mit dem zarten Hähnchenfleisch kommen reichlich Zink und Eisen auf den Teller. Zink ist wichtig für gesunde Haut und Haare, unterstützt das Immunsystem und aktiviert zahlreiche Enzyme. Als Bestandteil des Blutfarbstoffs ist Eisen für die Blutbildung essenziell. Hähnchenfleisch kann aber noch viel mehr: Es füllt auch leere Aminosäuren- und Vitaminspeicher wieder auf, denn es liefert hochwertiges Eiweiß und jede Menge B-Vitamine.* ‹‹

»Nürn-Burger«
mit Rahmkraut

Zutaten für 4 Personen

Für das Rahmkraut:
½ kleine Zwiebel
1 EL braune Butter (siehe S. 151)
200 g Sauerkraut (aus der Dose)
3 EL trockener Weißwein
¼ l Gemüsebrühe
5 schwarze Pfefferkörner
2 Wacholderbeeren (leicht angedrückt)
je ¼ TL Korianderkörner und ganzer Kümmel
½ Lorbeerblatt
1 EL Apfelmus
2 EL Sahne
1 EL kalte Butter
¼ – ½ TL Chiliflocken

Außerdem:
1–2 TL Öl
12 Nürnberger Rostbratwürstel
4 Semmeln (wenn erhältlich, in Fußball-Optik)

1 Für das Rahmkraut die Zwiebel schälen und in feine Würfel schneiden. Die braune Butter in einem Topf erhitzen und die Zwiebel darin bei milder Hitze andünsten. Das Sauerkraut in einem Sieb unter kaltem Wasser waschen, ausdrücken, zur Zwiebel geben und kurz mitdünsten. Den Wein und die Brühe angießen.

2 Die Pfefferkörner, die Wacholderbeeren, Korianderkörner, Kümmel und das Lorbeerblatt in ein Gewürzsäckchen füllen, das Säckchen verschließen und in das Kraut geben. Ein Blatt Backpapier darauflegen und das Kraut bei milder Hitze etwa 35 Minuten ziehen lassen.

3 Das Gewürzsäckchen zum Ende der Garzeit entfernen. Das Apfelmus, die Sahne und die kalte Butter unter das Kraut rühren und alles mit Chiliflocken und ggf. mit Salz abschmecken.

4 Eine Pfanne bei mittlerer Temperatur erhitzen und das Öl mit einem Pinsel auf dem Pfannenboden verstreichen. Die Rostbratwürstel darin auf beiden Seiten braun braten.

5 Die Semmeln aufschneiden und in einer Pfanne ohne Fett etwas anrösten. Jeweils eine Semmelhälfte mit etwas Rahmkraut und je 3 Rostbratwürsteln belegen. Den »Nürn-Burger« zum Schluss mit der anderen Semmelhälfte bedecken.

Mein Gesundheitstipp

›› *Sauer macht schlank und fit: Sauerkraut ist sehr kalorienarm, dabei ein prima Vitamin-C-Lieferant und zudem reich an Ballaststoffen. Der Kümmel im Sauerkraut regt die Produktion der Verdauungsenzyme an und unterstützt die entgiftende Funktion der Leber – er wird deshalb seit Jahrhunderten als Würzzutat für fettes Fleisch und Kohlgemüse geschätzt.* ‹‹

Buttermilch-Beeren-Shake
und Mango-Bananen-Drink

Zutaten für je 4 Personen

Für den Buttermilch-Beeren-Shake:
200 g Erdbeeren (gekühlt)
200 g Himbeeren (gekühlt)
500 g Buttermilch (gekühlt)
4 EL Ahornsirup
einige Tropfen Zitronensaft
1 Msp. abgeriebene unbehandelte Orangenschale
¼ TL grob gemahlener Kardamom
1 Msp. Vanillemark
4 EL Heidelbeeren (ca. 60 g)
4 Minzeblätter zum Garnieren

Für den Mango-Bananen-Drink:
1 reife Mango
1 Banane
250 g Äpfel
200 ml Mandelmilch
2 EL Maracujasirup
1 EL Poweröl
(oder ein anderes Omega-3-Öl)
2 EL Limettensaft
Zimtpulver
1 Msp. Vanillepulver
1 Stück Zimtrinde zum Reiben

Buttermilch-Beeren-Shake

1 Die Erdbeeren waschen, putzen und vierteln. Die Himbeeren verlesen, waschen und abtropfen lassen.

2 Erdbeeren und Himbeeren mit der Buttermilch, 200 ml kaltem Wasser, Ahornsirup, Zitronensaft, Orangenschale, Kardamom und Vanille im Mixer fein pürieren.

3 Die Heidelbeeren verlesen, waschen und trocken tupfen. Den Buttermilch-Beeren-Shake in Gläser füllen. Die Heidelbeeren hineinstreuen und den Shake mit Minzeblättern garniert servieren.

Mango-Bananen-Drink

1 Die Mango schälen. Das Fruchtfleisch zuerst vom Stein und dann in Würfel schneiden. Die Banane schälen und zerkleinern. Die Äpfel waschen, vierteln und die Kerngehäuse entfernen. Apfelviertel zerkleinern.

2 Mango, Banane und Äpfel in den Küchenmixer geben. 400 ml Wasser, Mandelmilch, Maracujasirup, Öl, Limettensaft, 1 Prise Zimt und Vanille dazugeben und das Ganze zu einem cremigen Drink pürieren.

3 Den Mango-Bananen-Drink in Gläser füllen und etwas Zimt frisch darüberreiben.

Mein Gesundheitstipp

>> *Buttermilch ist ein Durstlöscher der besonderen Art. Das Nebenprodukt der Butterherstellung ist fettärmer als herkömmliche Trinkmilch und eine leichte und bekömmliche Alternative. Ihr gesundes Plus: Neben erstklassigem Eiweiß sind knochenstärkendes Kalzium und stoffwechselpushende B-Vitamine mit von der Partie.* <<

Birnen-Lassi mit Roter Bete
und Apfel-Karotten-Lassi mit Ingwer

Zutaten für 4 Personen

Grundrezept Lassi:
400 g Naturjoghurt
1 geh. TL Frühstückquark-Gewürzmischung (ersatzweise ¼ TL Zimtpulver und 1 Msp. Vanillepulver)
50 g Ahornsirup
2 EL Poweröl
(oder ein anderes Omega-3-Öl)

Für den Birnen-Lassi zusätzlich:
100 g Rote Bete
2 große reife Birnen (500 g)

Für den Apfel-Karotten-Lassi zusätzlich:
150 g Karotten
300 g Äpfel
50 g Ingwer

Grundrezept Lassi

1 Den Joghurt in einem hohen Rührbecher mit dem Frühstücksquarkgewürz, dem Ahornsirup und dem Öl mit dem Stabmixer mixen.

Birnen-Lassi

1 Die Rote Bete putzen und schälen. Die Birnen putzen und waschen. Die Rote Bete und die Birnen in grobe Würfel schneiden und in einer Saftzentrifuge entsaften (ergibt etwa 200 ml).

2 Den Rote-Bete-Birnen-Saft unter den vorbereiteten Lassi rühren und den Birnen-Lassi in Gläser füllen.

Apfel-Karotten-Lassi

1 Die Karotten putzen und schälen. Die Äpfel und den Ingwer putzen und waschen. Alles in grobe Stücke schneiden und in einer Saftzentrifuge entsaften (ergibt etwa ¼ l).

2 Den Apfel-Karotten-Saft unter den vorbereiteten Lassi rühren und den Apfel-Karotten-Lassi in Gläser füllen.

Mein Gesundheitstipp

» *Gesundheit zum Trinken: Die Rote Bete sorgt für einen ausgeglichenen Folsäurehaushalt: Dieses B-Vitamin ist für den menschlichen Körper unentbehrlich für die Zellteilung und -neubildung. Birnen und Äpfel bringen dank vieler wertvoller Ballaststoffe den Darm in Schwung. Karotten versorgen unseren Körper mit Betacarotin, der Vorstufe des Vitamins A. Es bewahrt die Haut vor den negativen Einflüssen zu starker UV-Strahlung, indem es freie Radikale unschädlich macht – quasi Sonnenschutz von innen!* «

Vorspeisen & Salate

VORSPEISEN & SALATE

Rinder-Carpaccio
mit Zitronenschmand

Zutaten für 4 Personen

Für den Zitronenschmand:
70 g Schmand
1 Spritzer Zitronensaft
abgeriebene Schale von
1 unbehandelten Zitrone
½ TL Dijon-Senf
mildes Chilisalz
Zucker

Für das Carpaccio:
400 g Rinderfilet
Öl für die Folie
1–2 EL Zitronensaft
5 EL Olivenöl
Salz · Pfeffer aus der Mühle

Außerdem:
4 Wachteleier
4 Kapernäpfel
einige grüne und schwarze Oliven
(ohne Stein)
2 EL Parmesanspäne

1 Für den Zitronenschmand den Schmand mit dem Zitronensaft, Zitronenschale und dem Dijon-Senf glatt rühren. Den Dip mit Chilisalz und 1 Prise Zucker würzen.

2 Die Wachteleier in kochendem Wasser etwa 3 Minuten garen, kalt abschrecken, pellen und halbieren. Die Kapernäpfel halbieren.

3 Für das Carpaccio das Rinderfilet mit einem scharfen Messer erst in etwa 1 cm dicke Scheiben, dann in etwa 1 ½ cm große Quadrate schneiden. Die Filetscheiben mit ausreichend Abstand zueinander zwischen zwei Lagen geölte Frischhaltefolie legen und mit der flachen Seite des Fleischklopfers oder dem Plattiereisen gleichmäßig dünn klopfen.

4 Den Zitronensaft und das Olivenöl verrühren und vier flache Teller mit etwas Öl-Zitronensaft-Mischung bestreichen. Salz und Pfeffer darüberstreuen bzw. -mahlen. Die dünnen Filetscheiben leicht überlappend auf den Tellern anrichten, mit der restlichen Öl-Zitronensaft-Mischung bestreichen und mit Salz und Pfeffer würzen.

5 Den Zitronenschmand in einen Spritzbeutel mit kleiner Lochtülle füllen und gitterförmig so über das Carpaccio spritzen, dass rautenförmige Felder auf dem Carpaccio entstehen.

6 Auf die einzelnen Rautenfelder die Kapernäpfel, die Oliven, die Parmesanspäne und die halbierten Wachteleier verteilen.

Mein Gesundheitstipp

» *Das magere Rinderfilet ist für Sportler eine gute Eiweißquelle. Es enthält außerdem Vitamin B$_6$ (Pyridoxin), das für den Eiweißstoffwechsel unerlässlich ist. Das i-Tüpfelchen bei diesem Gericht sind die Wachteleier, die noch eine Extraportion an dem ›Wachstumsfaktor‹ Vitamin A obendrauf legen.* «

VORSPEISEN & SALATE

Vitello tonnato
mit leichter Thunfisch-Kapern-Sauce

Zutaten für 4 Personen
500 g Kalbsrücken
1 TL Öl
100 g griechischer Joghurt
4 EL lauwarme Gemüsebrühe
100 g Thunfisch (in Lake; gut abgetropft)
2 Msp. scharfer Senf
1 Spritzer Zitronensaft
2 TL Kapern
4 eingelegte Sardellenfilets
Salz · Pfeffer aus der Mühle
mildes Chilipulver
Zucker
¼ TL abgeriebene unbehandelte Zitronenschale
12 Kapernäpfel
einige Kräuterblätter (oder kleine Salatblätter)

1 Den Backofen auf 100 °C vorheizen, in die mittlere Schiene ein Ofengitter schieben und darunter ein Abtropfblech stellen.

2 Den Kalbsrücken, falls nötig, von Fett und Sehnen befreien. Eine Pfanne bei mittlerer Temperatur erhitzen und das Öl mit einem Pinsel auf dem Pfannenboden verstreichen. Das Fleisch darin rundum anbraten. Auf das Ofengitter setzen und im Ofen 1 bis 1 ¼ Stunden rosa garen. Herausnehmen und lauwarm abkühlen lassen.

3 Den Joghurt mit Brühe, Thunfisch, Senf, Zitronensaft, Kapern und Sardellen in einen Rührbecher geben. Mit Salz, Pfeffer, je 1 Prise Chilipulver und Zucker würzen und alles mit dem Stabmixer zu einer sämigen Sauce pürieren. Die Zitronenschale hinzufügen und alles ggf. nachwürzen.

4 Die Thunfischsauce mittig auf Tellern verteilen und dabei einen Rand frei lassen. Den Kalbsrücken in dünne Scheiben schneiden und leicht überlappend auf die Sauce legen, mit Salz und Pfeffer würzen. Das Vitello tonnato mit Kapernäpfeln und Kräutern garnieren.

Mein Gesundheitstipp

›› Besser geht's (fast) nicht: Kalbfleisch versorgt unseren Körper mit so gut wie allen lebenswichtigen Aminosäuren, die er unter anderem für den Aufbau der Muskulatur benötigt. Zudem enthält Kalbfleisch relativ viel Zink. Das Spurenelement ist vor allem bei großer Belastung wichtig, da es immunstärkend wirkt und vor Infekten schützt. ‹‹

VORSPEISEN & SALATE 63

Lachstatar
mit Kartoffelspalten und Zitronen-Senf-Rahm

Zutaten für 4 Personen

Für die Kartoffelspalten:
200 g kleine festkochende Kartoffeln
Salz · 1 TL Öl
mildes Chilisalz
1 TL Butter
1 TL Petersilienblätter (frisch geschnitten)

Für den Zitronen-Senf-Rahm:
120 g Crème fraîche
½ TL Dijon-Senf
1 Spritzer Zitronensaft
1 TL abgeriebene unbehandelte Zitronenschale
mildes Chilisalz
Zucker

Für das Lachstatar:
500 g Lachsfilet
2–3 EL mildes Olivenöl
Saft von ½–1 Limette
½ TL abgeriebene unbehandelte Limettenschale
Salz · Pfeffer aus der Mühle

1 Für die Kartoffelspalten die Kartoffeln mit der Schale waschen und in Salzwasser weich garen. Die Kartoffeln abgießen, ausdampfen lassen und halbieren.

2 Eine Pfanne bei mittlerer Temperatur erhitzen und das Öl mit einem Pinsel auf dem Pfannenboden verstreichen. Die Kartoffeln darin auf der Schnittseite einige Minuten goldbraun braten, wenden und einige Minuten weiterbraten. Mit Chilisalz würzen, die Butter dazugeben und die Petersilie untermischen.

3 Für den Zitronen-Senf-Rahm die Crème fraîche mit dem Senf verrühren, Zitronensaft und -schale untermischen. Mit Chilisalz und 1 Prise Zucker würzen.

4 Für das Lachstatar das Lachsfilet waschen und trocken tupfen. Den Lachs erst in dünne Scheiben, dann in sehr kleine Würfel schneiden und in eine Schüssel geben. Die Lachswürfel zuerst mit dem Olivenöl mischen und dann Limettensaft und -schale unterrühren. Das Tatar mit Salz und Pfeffer würzen.

5 Einen Anrichtering auf einen Teller setzen, ein Viertel des Lachstatars hineinfüllen und glatt streichen. Den Ring wieder entfernen. Das restliche Tatar auf drei weiteren Tellern anrichten. Den Zitronen-Senf-Rahm um das Tatar herumträufeln und die Kartoffelhälften daneben anrichten. Nach Belieben mit Kräuterblättern garniert servieren.

Mein Gesundheitstipp

❯❯ Senf ist nicht ohne Grund seit Jahrhunderten ein beliebtes Würzmittel. Das in den Senfkörnern enthaltene Öl kurbelt die Fettverdauung an und wirkt keimtötend. Und in Kombination mit den ätherischen Ölen aus der Zitronenschale entstehen erfrischende Aromen, die dieses Gericht (und viele andere Speisen) wunderbar verfeinern. ❮❮

Roh marinierte Jakobsmuscheln
mit Roter Bete und Rettich

Zutaten für 4 Personen

Für die Rote Bete:
200 ml Gemüsebrühe
1 EL Balsamico bianco
ca. 1 TL mildes Chilisalz
ca. 1 gestr. TL Zucker
1 TL Speisestärke
½ TL Wasabi
3 Scheiben Ingwer
1 Knoblauchzehe (in Scheiben)
Fenchelsamen
Anissamen
250 g Rote Beten (oder Rote und Gelbe Beten gemischt; vorgegart und vakuumiert)

Für den Rettich:
3 cm weißer Rettich
Salz

Für die Jakobsmuscheln:
8 Jakobsmuscheln (küchenfertig)
Limettensaft zum Beträufeln
abgeriebene Schale von 1 unbehandelten Limette
mildes Olivenöl
Salz

Für den Ingwerjoghurt:
50 g griechischer Joghurt
1–2 TL Milch
1 TL Ingwerpaste
1 TL eingelegter Ingwer (fein gerieben)
Salz

1 Für die Rote Bete die Brühe mit dem Essig, dem Chilisalz und dem Zucker in einem Topf aufkochen. Die Speisestärke mit wenig kaltem Wasser glatt rühren und in die leicht köchelnde Sauce geben, bis diese sämig bindet. Wasabi, Ingwer, Knoblauch, je 1 Prise Fenchel- und Anissamen untermischen und alles knapp unter dem Siedepunkt etwa 10 Minuten ziehen lassen. Die Marinade durch ein Sieb in einen Topf gießen.

2 Die Roten Beten vierteln und in Scheiben schneiden. Die Rote-Bete-Scheiben in die Marinade geben und darin ziehen lassen (Rote und Gelbe Beten separat in der Marinade ziehen lassen).

3 Für den Rettich den Rettich putzen, schälen und in dünne Scheiben schneiden. Mit Salz würzen und einige Minuten ziehen lassen. Dann die Rettichscheiben abtropfen lassen und trocken tupfen.

4 Für die Jakobsmuscheln das Muschelfleisch jeweils horizontal halbieren, sodass aus jeder Muschel 2 Scheiben entstehen. Die Muschelscheiben mit dem Limettensaft beträufeln und mit etwas Limettenschale bestreuen. Das Olivenöl über die Muscheln träufeln und mit Salz würzen.

5 Für den Ingwerjoghurt den Joghurt mit Milch, Ingwerpaste und eingelegtem Ingwer verrühren und nach Bedarf etwas Einlegeflüssigkeit vom Ingwer hinzufügen. Den Ingwerjoghurt mit Salz abschmecken.

6 Die Rote-Bete-Scheiben aus der Marinade nehmen, abtropfen lassen und auf Tellern anrichten. Die Rettichscheiben zu kleinen Tütchen eindrehen und dazwischenlegen. Die roh marinierten Jakobsmuscheln darauf anrichten und den Ingwerjoghurt darum herumträufeln. Nach Belieben mit Daikon-Kresse bestreuen.

Mein Gesundheitstipp

›› *Jakobsmuscheln sind – wie andere Meeresfrüchte auch – eine wertvolle Quelle für das Spurenelement Jod. Jod benötigt der Körper für die Produktion der Schilddrüsenhormone. Diese wiederum haben einen entscheidenden Einfluss auf zahlreiche Prozesse im Körper wie Energiestoffwechsel, Wachstum, Knochenbildung und Entwicklung des Gehirns.* ‹‹

Mousse von der Pfeffermakrele
mit marinierten Tomaten

Zutaten für 8 Gläser (à 200 ml Inhalt)

Für die Makrelenmousse:
300 ml Gemüsebrühe
1 Lorbeerblatt
3 Scheiben Ingwer
2 Knoblauchzehen (in Scheiben)
1 TL gemahlene 7-Pfeffer-Mischung (je 1 Prise schwarzer Pfeffer, rosa Beeren, milde Chiliflocken, Kubebenpfeffer, Sichuanpfeffer, grüner Pfeffer, Piment)
2 Blatt Gelatine
100 g Pfeffermakrelenfilet
200 g Sahne
Salz
1 Spritzer Zitronensaft

Für die marinierten Tomaten:
500 g Tomaten
1 Schalotte
1 EL mildes Olivenöl
1 Msp. fein geriebener Knoblauch
1 Msp. fein geriebener Ingwer
1 EL Basilikumblätter (frisch geschnitten)
Salz · Pfeffer aus der Mühle
Zimtpulver
Vanillezucker

Außerdem:
einige Basilikumblätter

1 Für die Makrelenmousse die Brühe in einen Topf geben, das Lorbeerblatt mit dem Ingwer hinzufügen und alles einmal aufkochen, dann knapp unter dem Siedepunkt 10 Minuten ziehen lassen. Knoblauch und Pfeffermischung dazugeben und noch ein paar Minuten ziehen lassen. Die Würzbrühe durch ein Sieb gießen.

2 Gelatine in kaltem Wasser einweichen, ausdrücken und in der heißen Würzbrühe auflösen. Dann die Brühe abkühlen lassen.

3 Von dem Pfeffermakrelenfilet möglichst alle Gräten entfernen, das Fischfilet zerkleinern und mit dem abgekühlten Gewürzsud in einem hohen Rührbecher mit dem Stabmixer fein pürieren.

4 Die Sahne halb steif schlagen, unter den Makrelensud heben und die Mousse mit Salz und Zitronensaft abschmecken. In Gläser füllen und im Kühlschrank fest werden lassen.

5 Inzwischen für die marinierten Tomaten die Tomaten kreuzweise einritzen, überbrühen, kalt abschrecken, häuten, vierteln und entkernen. Die Tomatenviertel in Würfel schneiden, dabei die Stielansätze entfernen.

6 Die Schalotte schälen und in feine Würfel schneiden. Das Olivenöl mit Schalottenwürfeln, Knoblauch und Ingwer verrühren und mit dem Basilikum unter die Tomatenwürfel mischen. Mit Salz, Pfeffer sowie je 1 kleinen Prise Zimt und Vanillezucker würzen.

7 Die marinierten Tomatenwürfel auf der Makrelenmousse verteilen und mit dem Basilikum garniert servieren.

Mein Gesundheitstipp

›› Makrelen gehören zu den eher fettreichen Meeresbewohnern. Aber die gute Nachricht: Ihr Fett ist äußerst wertvoll, denn es besteht aus vielen langkettigen Omega-3-Fettsäuren. Diese schützen Herz und Kreislauf und sind essenziell für die Bildung von Gewebshormonen, die entzündungs- und blutgerinnungshemmende Eigenschaften haben. ‹‹

Nizza-Salat
mit frischem Thunfisch

Zutaten für 4 Personen

Für den Nizza-Salat:
300 g festkochende Minikartoffeln
Salz · 4 Eier
150 g Keniabohnen
200 g Cocktailtomaten
80 g kleine schwarze Oliven
(in Öl; ohne Stein)
½ rote Zwiebel
150 g eingelegte Artischockenherzen
50 g Kapernäpfel
1 Handvoll Basilikumblätter
2 Romanasalatherzen

Für das Dressing:
100 ml Gemüsebrühe
1 kleine Knoblauchzehe
(in Scheiben)
1 Msp. fein geriebener Ingwer
1 TL scharfer Senf
3 EL Rotweinessig
½ TL Zucker
Salz · Pfeffer aus der Mühle
4 EL mildes Olivenöl

Für den Thunfisch:
250 g frischer Thunfisch
(Sushi-Qualität)
2 EL mildes Olivenöl
1 EL Zitronensaft
Salz · Pfeffer aus der Mühle

1 Für den Nizza-Salat die Kartoffeln mit der Schale waschen und in Salzwasser weich garen. Die Kartoffeln abgießen, ausdampfen lassen und möglichst heiß pellen. Die Kartoffeln vierteln. Die Eier in kochendem Wasser 10 Minuten hart kochen. Die Eier abschrecken, pellen und vierteln. Die Bohnen putzen, waschen und in etwa 3 cm lange Stücke schneiden. In kochendem Salzwasser bissfest blanchieren. In ein Sieb abgießen, kalt abschrecken und gut abtropfen lassen.

2 Die Cocktailtomaten waschen und halbieren, die Oliven abtropfen lassen. Die Zwiebel schälen und in Streifen schneiden. Die Artischocken abtropfen lassen und in kleine Würfel schneiden. Von den Kapernäpfeln die Stiele entfernen und die Kapernäpfel halbieren. Die Basilikumblätter waschen, trocken tupfen und in grobe Stücke zupfen. Den Salat putzen, waschen und trocken schleudern, die Salatblätter in mundgerechte Stücke zupfen. Alle Zutaten in einer Schüssel mischen.

3 Für das Dressing die Brühe mit Knoblauch, Ingwer, Senf und Rotweinessig in einen hohen Rührbecher geben. Mit Zucker, Salz und Pfeffer würzen und das Olivenöl mit dem Stabmixer unterrühren.

4 Für den Thunfisch den Thunfisch waschen und trocken tupfen. Erst in 3 bis 4 mm dicke Scheiben und diese dann in 1 bis 1 ½ cm dicke Streifen schneiden. Das Olivenöl und den Zitronensaft verrühren, mit Salz und Pfeffer würzen und den Thunfisch damit marinieren.

5 Die Salatzutaten mit dem Dressing marinieren und ggf. etwas nachwürzen. Den Nizza-Salat auf Teller verteilen und den marinierten Thunfisch darauf anrichten.

Mein Gesundheitstipp

»Hoch konzentrierte Wirkung: Eiweiß und Jod aus Thunfisch bringen Sie in Kürze in Topform. Vor allem die Aminosäure Histidin stärkt das Immunsystem, hilft bei Blutarmut und fördert die Stressresistenz. Thunfisch gehört zudem neben anderen Kaltwasserfischen wie Lachs, Makrele und Hering zu den Toplieferanten für Omega-3-Fettsäuren. «

VORSPEISEN & SALATE 69

Grüner Gemüsesalat
mit Räucherforelle und Meerrettichjoghurt

Zutaten für 4 Personen

Für den Gemüsesalat:
100 g grüne Bohnen
100 g Zuckerschoten
350 g Brokkoli
Salz
350 g grüner Spargel
½ Fenchelknolle (mit Grün)
1 Bund Frühlingszwiebeln
¼ l Gemüsebrühe
3 EL Zitronensaft
1 TL Dijon-Senf
2 EL mildes Olivenöl
mildes Chilisalz
Zucker
Pfeffer aus der Mühle
1 EL helle Sesamsamen
1 TL Schwarzkümmel

Für den Meerrettichjoghurt:
200 g griechischer Joghurt
1 EL Gemüsebrühe
1 EL Sahnemeerrettich
(aus dem Glas)
1 Spritzer Zitronensaft
1 Msp. abgeriebene unbehandelte Zitronenschale
mildes Chilisalz
Zucker

Außerdem:
4 Räucherforellenfilets (à ca. 60 g)

1 Für den Gemüsesalat die Bohnen putzen, waschen und in etwa 3 cm lange Stücke schneiden. Zuckerschoten putzen, waschen und schräg halbieren. Brokkoli putzen, waschen und in Röschen teilen, die Stiele in Scheiben schneiden, dabei holzige Enden entfernen. Bohnen, Zuckerschoten und Brokkoli nacheinander in kochendem Salzwasser bissfest garen. Das Gemüse in ein Sieb abgießen, kalt abschrecken und abtropfen lassen.

2 Den Spargel waschen, im unteren Drittel schälen und die holzigen Enden abschneiden. Den Spargel schräg in etwa 4 cm lange Stücke schneiden. Den Fenchel putzen und waschen, das Fenchelgrün beiseitelegen. Fenchel mit dem Strunk in etwa ½ cm breite Streifen schneiden. Die Frühlingszwiebeln putzen, waschen und mit dem Grün in etwa 3 cm breite Ringe schneiden.

3 In einem Topf die Brühe erhitzen, Spargel und Fenchel mit einem Blatt Backpapier zugedeckt knapp unter dem Siedepunkt etwa 6 Minuten dünsten. Die weißen Frühlingszwiebelringe dazugeben, weitere 2 Minuten garen. Die dunklen Frühlingszwiebelringe hinzufügen, 1 Minute mitgaren. In ein Sieb abgießen und die Brühe dabei auffangen. Die Brühe mit Zitronensaft, Senf und Olivenöl in einen hohen Rührbecher geben, mit Chilisalz, 1 Prise Zucker und Pfeffer würzen und mit dem Stabmixer verrühren. Den Sesam in einer Pfanne ohne Fett bei mittlerer Hitze goldbraun rösten. Das Dressing, Sesam und Schwarzkümmel mit allen Gemüsesorten mischen und das Gemüse 5 bis 10 Minuten ziehen lassen, ggf. nachwürzen.

4 Für den Meerrettichjoghurt Joghurt mit Brühe und Sahnemeerrettich glatt rühren. Mit Zitronensaft und -schale, Chilisalz und 1 Prise Zucker würzen.

5 Den Backofen auf 80 °C vorheizen. Die Forellenfilets auf ein Backblech legen und im Ofen auf der mittleren Schiene etwa 10 Minuten erwärmen. Den Gemüsesalat auf Teller verteilen. Forellenfilets aus dem Ofen nehmen, in Stücke teilen und auf dem Salat anrichten. Den Meerrettichjoghurt darum herumträufeln.

Mein Gesundheitstipp

» *Der Name ist Programm: Zuckerschoten schmecken aufgrund ihres höheren Zuckergehalts tatsächlich süßer als andere Erbsensorten. Sie können aber auch mit einem nicht unerheblichen Anteil an Ballaststoffen sowie reichlich Folsäure (lebenswichtig für Zellteilung und -bildung) punkten.* «

Datteltomaten-Mango-Salat
mit Schafskäse und Rucola

Zutaten für 4 Personen
120 g Datteltomaten
50 g Rucola
½ reife Mango
100 g Feta (Schafskäse)
1 Spritzer Limettensaft
1 EL mildes Olivenöl
mildes Chilisalz
1 EL Powermix (ersatzweise je 1 TL Leinsamen, Sonnenblumenkerne und gehackte Walnüsse)

1 Die Tomaten waschen und halbieren. Den Rucola verlesen, waschen und trocken schleudern. Die Blätter von den Stielen zupfen, die Stiele fein schneiden. Die Mango schälen, das Fruchtfleisch zuerst vom Stein und dann in 1 ½ cm große Würfel schneiden. Den Feta ebenfalls in 1 ½ cm große Würfel schneiden.

2 Tomaten, Rucola und Mango in eine Schüssel geben. Mit Limettensaft und Olivenöl mischen und mit Chilisalz würzen.

3 Den Salat abwechselnd mit dem Schafskäse in Gläser füllen und mit dem Powermix bestreuen.

Mein Gesundheitstipp

» Gelb-rotes Dreamteam: Die Kombi aus Mango und Tomate ist nicht nur ein außergewöhnliches Geschmackserlebnis, sondern auch ein Volltreffer für Gesundheit und Fitness. Für die leuchtenden Farben der beiden sind die Carotinoide Betacarotin (Mango) und Lycopin (Tomate) verantwortlich, die im Körper als Radikalfänger unterwegs sind. «

Tomaten-Mozzarella-Salat
mit Kräuterpesto und Feigen

Zutaten für 4 Personen

Für das Kräuterpesto:
je 2 Handvoll Petersilien- und Spinatblätter (je ca. 40 g)
Salz
2 Handvoll Basilikumblätter
je 2 EL Minzeblätter und Dillspitzen
1 EL geröstete Mandelblättchen
1 EL geriebener Parmesan
1 kleine geriebene Knoblauchzehe
1 Msp. fein geriebener Ingwer
1 Msp. Vanillemark
1 Spritzer Zitronensaft
100 ml mildes Olivenöl
Pfeffer aus der Mühle
mildes Chilipulver
1 Msp. abgeriebene unbehandelte Zitronenschale

Für den Tomaten-Mozzarella-Salat:
6 mittelgroße Tomaten
500 g Mozzarella (4 Kugeln)
4 reife Feigen
3–4 EL milder Aceto balsamico
Salz · Pfeffer aus der Mühle

1 Für das Kräuterpesto Petersilien- und Spinatblätter waschen und trocken schleudern. Die Blätter in kochendem Salzwasser ½ bis 1 Minute blanchieren. In ein Sieb abgießen, kalt abschrecken und abtropfen lassen. Die Blätter mit den Händen gut ausdrücken. Basilikum, Minze und Dill waschen, trocken schütteln und mit den Petersilien- und Spinatblättern grob schneiden.

2 Den Kräuter-Spinat-Mix mit Mandeln, Parmesan, Knoblauch, Ingwer, Vanillemark, Zitronensaft, Olivenöl, Salz, Pfeffer, 1 Prise Chilipulver und Zitronenschale im Küchenmixer zu einem feinkörnigen Pesto pürieren.

3 Für den Tomaten-Mozzarella-Salat die Tomaten waschen und in Scheiben schneiden, dabei die Stielansätze entfernen. Den Mozzarella in Scheiben schneiden.

4 Die Feigen waschen und halbieren, dabei die Stielansätze entfernen. Die Feigenhälften in Spalten schneiden.

5 Die Tomaten- und Mozzarellascheiben abwechselnd leicht überlappend auf Tellern anrichten. Den Balsamico gleichmäßig darüber verteilen. Den Tomaten-Mozzarella-Salat mit Salz und Pfeffer würzen, mit den Feigen garnieren und das Kräuterpesto darüberträufeln.

Mein Gesundheitstipp

» Tomaten punkten nicht nur mit ihren Carotinoiden (siehe S. 70). Sie haben auch einen stattlichen Vitamin-C-Gehalt. Dieses Vitamin stärkt das Immunsystem und die Psyche und hilft uns, Stress zu bewältigen.
Basilikum wirkt wie eine ›innere‹ Sonnenbrille: Es enthält die Carotinoide Lutein und Zeaxanthin, die auch die Pigmentschicht unserer Augennetzhaut bilden und die Sehzellen vor UV-Strahlung schützen. «

VORSPEISEN & SALATE 73

Spargelsalat grün-weiß
mit gekochtem Ei

Zutaten für 4 Personen

je 500 g weißer und grüner Spargel (ersatzweise nur grüner Spargel)
1 TL Puderzucker
200 ml Gemüsebrühe
2 EL Zitronensaft
2 EL mildes Olivenöl
Salz · Pfeffer aus der Mühle
4 Eier
mildes Chilisalz
1 EL Petersilienblätter (frisch geschnitten; oder Schnittlauchröllchen)

1 Den Spargel waschen. Den weißen Spargel ganz, den grünen Spargel im unteren Drittel schälen und die holzigen Enden abschneiden. Die Spargelstangen schräg in ½ bis 1 cm dicke Stücke schneiden.

2 Den Puderzucker in einer Pfanne bei mittlerer Hitze farblos karamellisieren. Den Spargel darin kurz andünsten, die Brühe angießen und ein Blatt Backpapier darauflegen. Den Spargel bei milder Hitze 6 bis 8 Minuten bissfest garen. In eine Schüssel geben und mit Zitronensaft und Olivenöl mischen, mit Salz und Pfeffer würzen.

3 Die Eier in reichlich Wasser 8 bis 10 Minuten hart kochen. Kalt abschrecken, pellen und vierteln. Die Eierviertel mit Chilisalz würzen.

4 Den Spargelsalat auf Teller verteilen und die Eier darauf anrichten. Den Salat mit Petersilie bestreut servieren.

Mein Gesundheitstipp

» Leichte Kost für Sportler und Co.: Spargel liefert praktisch keine Kalorien, liegt nicht im Magen und entwässert. Dass Spargel trotzdem satt macht, liegt an den Ballaststoffen, die unter anderem den Cholesterinspiegel senken. Deshalb dürfen hier auch Eier auf dem Speiseplan stehen. Zumal diese ganz zu Unrecht verteufelt werden. Eier haben eine sogenannte hohe biologische Wertigkeit, d.h. sie liefern für den Körper gut verwertbares Eiweiß. «

Couscoussalat
mit Granatapfel und Harissa-Dip

Zutaten für 4 Personen

Für den Couscoussalat:

120 g Couscous
175 ml Gemüsebrühe
1 Salatgurke
½ Granatapfel
2–3 EL Weißweinessig
3 EL Olivenöl
mildes Chilisalz
Pfeffer aus der Mühle
Zucker
2 Hähnchenbrustfilets (à ca. 120 g)
1 TL Öl
1 geh. TL Harissapulver
1 EL Pistazienkerne
1 EL geröstete Mandelblättchen
je 1 EL Dillspitzen und Minzeblätter (frisch geschnitten)

Für den Harissa-Dip:

2 TL Harissapulver
2 EL heiße Gemüsebrühe
1 EL mildes Olivenöl
200 g griechischer Joghurt
Salz · Zucker

1 Für den Couscoussalat den Couscous in eine Schüssel geben. 125 ml Brühe aufkochen und den Couscous damit übergießen. Mit Frischhaltefolie zugedeckt mindestens 7 Minuten ziehen lassen, anschließend mit einer Gabel auflockern.

2 Die Gurke waschen und in knapp 1 cm große Würfel schneiden. Die Kerne aus dem Granatapfel lösen, dafür den Granatapfel umgedreht in der Hand halten und mit einem Löffel gegen die Seite schlagen – so fallen die Kerne heraus.

3 Die restliche Brühe mit dem Essig und 2 EL Olivenöl verrühren und mit Chilisalz, Pfeffer und 1 Prise Zucker abschmecken. Mit dem Couscous und den Gurkenwürfeln mischen.

4 Die Hähnchenbrustfilets waschen, trocken tupfen und in etwa 1 ½ cm große Würfel schneiden. Eine Pfanne bei mittlerer Temperatur erhitzen und das Öl mit einem Pinsel auf dem Pfannenboden verstreichen. Die Hähnchenwürfel darin rundum etwa 3 Minuten braten.

5 Die Pfanne vom Herd nehmen, das restliche Olivenöl und das Harissa untermischen und das Fleisch mit Chilisalz würzen. Das Hähnchen unter den Couscoussalat mischen, Pistazien, Mandeln, Dill und Minze mit den Granatapfelkernen unterheben und den Salat ggf. etwas nachwürzen.

6 Für den Harissa-Dip das Harissa mit der heißen Brühe verrühren. Mit dem Olivenöl unter den Joghurt mischen und den Harissa-Dip mit Salz und 1 Prise Zucker würzen. Den Couscoussalat auf Teller verteilen und den Harissa-Dip darum herumträufeln.

Mein Gesundheitstipp

» Der Granatapfel gilt schon seit Jahrtausenden als Symbol für Liebe, Jugend und Schönheit. Nicht ohne Grund, denn diese exotische Frucht enthält reichlich Antioxidantien, die unsere Zellen schützen. Zudem liefert sie viele Mineralstoffe und Vitamine, die sich positiv auf unser Herz-Kreislauf-System auswirken. «

Brezenknödelsalat
mit Pilzen und FC Bayern-Dressing

Zutaten für 4 Personen

Für das FC Bayern-Dressing (ca. 300 ml):
60 ml Gemüsebrühe
2 EL weißer Portwein
1 TL Salz · 1 TL Zucker
1 Msp. mildes Chilipulver
1 Knoblauchzehe (geschält und halbiert)
1 Scheibe Ingwer
je 50 g Naturjoghurt und saure Sahne
1 TL scharfer Senf
1–2 EL Rotweinessig
1 TL Balsamico bianco
1 TL Sherry (medium)
je 50 ml Öl und mildes Olivenöl
1 TL Walnussöl

Für die Brezenknödel:
250 g weiche Laugenstangen (vom Vortag; ohne Salz)
¼ l Milch · 2 Eier
Salz · Pfeffer aus der Mühle
frisch geriebene Muskatnuss
½ Zwiebel (in feinen Würfeln)
1 EL Petersilienblätter (frisch geschnitten)

Für den Salat:
1 Bund Frühlingszwiebeln
1 Bund Radieschen
100 g Cocktailtomaten
300 g gemischte Pilze (z.B. Austernpilze, Champignons, Kräuterseitlinge, Pfifferlinge und Steinpilze)
1 TL Öl · mildes Chilisalz
1 EL Petersilienblätter (frisch geschnitten)

1 Für das FC Bayern-Dressing Brühe mit Portwein, Salz und Zucker aufkochen, Chilipulver, Knoblauch und Ingwer hinzufügen. Würzbrühe abkühlen lassen, durch ein Sieb gießen und mit dem Joghurt, der sauren Sahne, dem Senf, beiden Essigsorten und dem Sherry in einen hohen Rührbecher geben. Nacheinander alle drei Ölsorten mit dem Stabmixer unterrühren.

2 Für die Brezenknödel die Brezenstangen in ½ bis 1 cm große Würfel schneiden. Milch aufkochen, mit den Eiern verrühren und mit Salz, Pfeffer und 1 Prise Muskatnuss würzen. Mit den Brezenwürfeln mischen, dabei aber nicht drücken. Zwiebelwürfel in 100 ml Wasser in einer Pfanne weich garen, bis die Flüssigkeit verkocht ist. Mit der Petersilie zur Brezenmasse geben.

3 Drei Lagen starke Alufolie jeweils mit Frischhaltefolie belegen. Die Brezenknödelmasse je zu einem Drittel darauf verteilen und zu länglichen Rollen von 3 bis 4 cm Durchmesser formen. Diese zuerst in die Frischhaltefolie, dann in die Alufolie einrollen. Die Enden der Alufolie erst etwas andrücken, dann fest zusammendrehen, sodass formschöne Rollen entstehen. Die Knödelrollen in leicht siedendem Wasser etwa 30 Minuten garen. Herausheben, aus der Folie wickeln, lauwarm abkühlen lassen und in Scheiben schneiden.

4 Für den Salat Frühlingszwiebeln putzen, waschen und schräg in 3 bis 5 mm dicke Ringe schneiden. Etwa 4 EL Frühlingzwiebelgrün beiseitelegen. Radieschen putzen, waschen und in dünne Scheiben schneiden. Cocktailtomaten waschen und halbieren. Pilze putzen, falls nötig, trocken abreiben und in Spalten oder ½ cm dicke Scheiben schneiden. Eine Pfanne bei mittlerer Temperatur erhitzen und das Öl darin verstreichen. Pilze darin 3 bis 4 Minuten anbraten. Mit Chilisalz würzen und die Petersilie unterrühren.

5 Die Knödelscheiben mit Frühlingszwiebeln, Radieschenscheiben, Tomaten und Pilzen in eine große Schüssel geben und mit 125 ml FC Bayern-Dressing marinieren (restliches Dressing z.B. für den FC Bayern-Salat verwenden). Den Salat mit dem Frühlingszwiebelgrün bestreut servieren.

Mein Gesundheitstipp

»Mit ihrem erfrischenden, scharfen Geschmack bereichern die knackigen Radieschen viele Salate. Für die Schärfe sind die enthaltenen Senföle (Glucosinolate) verantwortlich, die zudem antibakteriell wirken und somit Magen und Darm fit halten.«

FC Bayern-Salat
mit Fleischpflanzerl und Hähnchenbrust

Zutaten für 4 Personen

Für die Fleischpflanzerl:
40 g Toastbrot (in kleinen Würfeln)
50 ml kalte Milch
¼ Zwiebel · 1 Ei
1 TL scharfer Senf · Salz
Pfeffer aus der Mühle
frisch geriebene Muskatnuss
½ TL abgeriebene unbehandelte Zitronenschale
1 Msp. abgeriebene unbehandelte Orangenschale
125 g Kalbshackfleisch
125 g Schweinehackfleisch
getrockneter Majoran
1 TL Petersilienblätter (frisch geschnitten)
3–4 EL Weißbrotbrösel
wenig Öl zum Braten

Außerdem:
150 g Hähnchenbrustfilet
½ TL Öl
1–2 TL mildes Olivenöl
½–1 TL Brathähnchengewürz
8 Nürnberger Rostbratwürstel
250 g gemischte Salatblätter (z. B. Frisée, Feldsalat, Kopfsalat, Romana, wenig Radicchio, wenige Blüten; Castellfranco; gewaschen)
6 Radieschen (in Scheiben)
je 1 EL Basilikum- und Kerbelblätter (frisch geschnitten)
ca. 80 ml FC Bayern-Dressing (siehe S. 75)

1 Für die Fleischpflanzerl das Toastbrot in einer Schüssel mit der Milch übergießen und das Brot zugedeckt einweichen. Die Zwiebel schälen und in feine Würfel schneiden. Die Zwiebelwürfel in 100 ml Wasser in der Pfanne dünsten, bis die Flüssigkeit eingekocht ist.

2 Das Ei mit dem scharfen Senf, Salz, Pfeffer, 1 Prise Muskatnuss sowie der Zitronen- und Orangenschale in einer Schüssel verquirlen. Das Hackfleisch mit dem eingeweichten Brot, dem verquirlten Ei, den Zwiebelwürfeln, dem Majoran und der Petersilie mischen.

3 Die Weißbrotbrösel auf einen Teller geben. Aus der Hackfleischmasse mit angefeuchteten Händen kleine Fleischpflanzerl formen und diese in den Bröseln wenden. Die Pflanzerl in einer Pfanne im Öl bei mittlerer Hitze auf jeder Seite 3 bis 4 Minuten goldbraun braten. Herausnehmen und auf Küchenpapier abtropfen lassen.

4 Hähnchenbrustfilet waschen, trocken tupfen und schräg in 4 Stücke schneiden. Eine Pfanne bei mittlerer Temperatur erhitzen und das Öl mit einem Pinsel auf dem Pfannenboden verstreichen. Das Fleisch darin auf jeder Seite etwa 2 Minuten anbraten. Die Pfanne vom Herd nehmen und das Hähnchenfleisch in der Nachhitze gar ziehen lassen. Das Olivenöl mit dem Brathähnchengewürz in einer zweiten Pfanne sanft erwärmen und die Hähnchenbrustscheiben darin wenden. Die Würstel in der Hähnchenpfanne ohne weiteres Fett bei mittlerer Hitze rundum braten.

5 Salatblätter in mundgerechte Stücke zupfen, mit Radieschenscheiben, Basilikum und Kerbel in einer Schüssel mischen und mit dem Dressing marinieren. Die Blattsalate mit den Fleischpflanzerln, den Hähnchenscheiben und den Würsteln anrichten.

Mein Gesundheitstipp

›› *Blattsalate sind aus der gesunden Küche nicht wegzudenken. Neben der Tatsache, dass sie wenig Kalorien enthalten, sind die Salate je nach Sorte auch bestes Fitnessfood. Senföle im Rucola treiben den Stoffwechsel an, fördern die Verdauung und stärken die Immunabwehr.* ‹‹

Suppen & Eintöpfe

Blumenkohlsuppe
mit Safran und Vanille

Zutaten für 4 Personen
20 Safranfäden
½ TL gemahlene Kurkuma
1 kleiner Blumenkohl (ca. 750 g)
800 ml kräftige Hühnerbrühe (oder Gemüsebrühe)
200 g Sahne
3 cm Vanilleschote
1 fein geriebene Knoblauchzehe
½ TL fein geriebener Ingwer
1 Msp. abgeriebene unbehandelte Orangenschale
1 EL kalte Butter
mildes Chilisalz

1 Die Safranfäden und den Kurkuma in 2 EL warmem Wasser einweichen.

2 Den Blumenkohl putzen, waschen und in einzelne Röschen teilen. Die Blumenkohlröschen in der Brühe in einem Topf knapp unter dem Siedepunkt etwa 20 Minuten weich garen. Ein Viertel bis ein Drittel der Röschen für die Einlage herausnehmen und warm halten.

3 Die Sahne, die Vanille, den Knoblauch, Ingwer und den Safran-Kurkuma-Mix zum restlichen Blumenkohl in die Brühe geben und alles einige Minuten ziehen lassen. Die Vanille wieder entfernen, die Orangenschale und die kalte Butter hinzufügen und alles mit dem Stabmixer feincremig pürieren. Die Suppe mit Chilisalz abschmecken.

4 Die Blumenkohlsuppe auf vorgewärmte tiefe Teller oder Gläser verteilen und die übrigen Blumenkohlröschen darin anrichten.

Mein Gesundheitstipp

›› Nervennahrung aus dem Gemüsebeet: Blumenkohl enthält den Mineralstoff Kalium, den jede einzelne Körperzelle benötigt, insbesondere die Muskulatur und die Nerven sind auf Kalium angewiesen. Das Element ist an der Weiterleitung von Impulsen in den Muskel- und Nervenzellen beteiligt und wirkt gleichzeitig beruhigend und ausgleichend auf die Nerven. ‹‹

Kartoffelsuppe
mit Harissa und Champignons

Zutaten für 4 Personen
*600 g mehligkochende Kartoffeln
Salz
800 ml Hühnerbrühe
2 TL mildes Harissapulver
200 g Sahne
80 g kleine feste Champignons
½ Bund Frühlingszwiebeln
2 EL kalte Butter
1 EL Koriandergrün (frisch geschnitten)*

1 Die Kartoffeln schälen, waschen und in Würfel schneiden. In einem Topf in Salzwasser etwa 20 Minuten weich garen. In ein Sieb abgießen und abtropfen lassen.

2 In einem Topf ¾ l Brühe mit dem Harissa erhitzen und die Kartoffeln dazugeben. Die Sahne dazugießen, 1 ½ EL Butter dazugeben und alles mit dem Stabmixer fein pürieren. Die Kartoffelsuppe mit Salz würzen.

3 Die Pilze putzen, falls nötig, mit Küchenpapier trocken abreiben und vierteln. Die Frühlingszwiebeln putzen, waschen und in 2 cm lange Stücke schneiden.

4 Die restliche Brühe mit den Frühlingszwiebeln in einen kleinen Topf geben, ein Blatt Backpapier darauflegen und die Frühlingszwiebeln knapp unter dem Siedepunkt 3 bis 4 Minuten fast weich garen. Champignons dazugeben und erwärmen, dann den Topf vom Herd nehmen. Die restliche kalte Butter hineinrühren und mit Salz würzen.

5 Die Kartoffelsuppe auf vorgewärmte tiefe Teller verteilen und die Pilzmischung darin anrichten. Die Suppe mit dem Koriander bestreut servieren.

Mein Gesundheitstipp

» Tolle Knollen: Kartoffeln enthalten zahlreiche Nährstoffe (hochwertiges Eiweiß, Vitamin C, B-Vitamine und die Mineralstoffe Kalium und Magnesium) bei einem geringen Kaloriengehalt. Die Knollen sind also ein natürlicher ›Schlankmacher‹. «

Rote-Linsen-Suppe
mit Kokosmilch

Zutaten für 4 Personen

1 Zwiebel
½ TL Puderzucker
1 EL Tomatenmark
150 g rote Linsen
1 l Gemüsebrühe
200 ml Kokosmilch
3 TL rote Currypaste
20 g kalte Butter
Salz

1 Die Zwiebel schälen und in feine Würfel schneiden. Den Puderzucker in einen Topf stäuben und bei milder Hitze hell karamellisieren. Die Zwiebelwürfel unterrühren und andünsten. Das Tomatenmark untermischen und kurz anrösten.

2 Die Linsen dazugeben und die Brühe angießen. Alles knapp unter dem Siedepunkt 20 Minuten ziehen lassen, bis die Linsen weich sind. Dabei nach 10 Minuten Garzeit etwa 4 EL Linsen für die Einlage herausnehmen und beiseitestellen.

3 Die Kokosmilch und die Currypaste hinzufügen und die Suppe mit dem Stabmixer fein pürieren. Die kalte Butter untermixen und die Suppe mit Salz abschmecken.

4 Die Rote-Linsen-Suppe nochmals mit dem Stabmixer aufschäumen und auf vorgewärmte tiefe Teller verteilen. Je 1 EL Linsen in die Mitte setzen.

Mein Gesundheitstipp

›› Rote Linsen sind eine wahre Schatzkammer für Ballaststoffe und hochwertiges Eiweiß und somit eine optimale Quelle für all jene (Sportler), die sich vegetarisch oder vegan ernähren. Neben Kalium und Magnesium, die das Herz fit halten, versorgen sie uns zudem mit Vitamin B_1, das den Kohlenhydratstoffwechsel aktiviert. ‹‹

Wirsing-Petersilien-Suppe
mit Parmesan

Zutaten für 4 Personen
500 g Wirsing
Salz
¾ l kräftige Hühnerbrühe (oder Gemüsebrühe)
200 g Sahne
2 EL Sahnemeerrettich (aus dem Glas)
mildes Chilisalz
frisch geriebene Muskatnuss
2 EL Petersilienblätter (frisch geschnitten)
50 g geriebener Parmesan
2 EL Parmesanspäne
einige Petersilienblätter

1 Den Wirsing putzen, waschen und in die einzelnen Blätter teilen. Die Blattrippen entfernen, die Blätter ggf. etwas zerkleinern und in kochendem Salzwasser etwa 8 Minuten weich garen. In ein Sieb abgießen, kalt abschrecken und abtropfen lassen.

2 Die Brühe in einem Topf erhitzen, den Wirsing, die Sahne und den Sahnemeerrettich hinzufügen. Mit Chilisalz und Muskatnuss würzen und alles mit dem Stabmixer fein pürieren.

3 Die Petersilie und den geriebenen Parmesan unterrühren, die Suppe dabei nicht mehr kochen lassen. Nach Bedarf nochmals mit Chilisalz und Muskatnuss abschmecken.

4 Die Wirsing-Petersilien-Suppe auf vorgewärmte tiefe Teller oder Schälchen verteilen, mit Parmesanspänen und Petersilienblättern garnieren und nach Belieben mit etwas Chilisalz bestreut servieren.

Mein Gesundheitstipp

>> *Auf die inneren Werte kommt es an: Der krause Geselle aus der Familie der Kohlköpfe übertrifft den Rot- und den Weißkohl um Weitem. Bei gerade mal 31 Kalorien pro 100 Gramm enthält er doppelt so viel Eisen und Phosphor wie seine Artverwandten. Daneben wartet er mit reichlich sekundären Pflanzenstoffen wie Senfölglykosiden und Carotinoiden auf, den natürlichen Kämpfern gegen Erkältungen.* <<

Geräucherte Paprikasuppe
mit Grillgemüse

Zutaten für 4 Personen

Für die Paprikasuppe:
4 rote Paprikaschoten
1 Zwiebel
650 ml Gemüsebrühe
150 g Sahne
1 Knoblauchzehe (in Scheiben)
½ TL fein geriebener Ingwer
½ TL mildes Currypulver
½ TL Räucherpaprikapulver
(Piment de la Vera picante)
Salz

Für das Grillgemüse:
¼ Zucchino
½ TL Öl
1 kleine Knoblauchzehe
(in Scheiben)
2 Scheiben Ingwer
1 Zweig Thymian
Salz

1 Für die Paprikasuppe die Paprikaschoten längs halbieren, entkernen, waschen und mit dem Sparschäler schälen. ½ Paprikaschote in 1 bis 1 ½ cm große Stücke schneiden und für das Grillgemüse beiseitelegen. Die übrigen Paprikaschoten für die Suppe grob zerkleinern. Die Zwiebel schälen, in 1 bis 1 ½ cm große Stücke schneiden und etwa ein Drittel davon für das Grillgemüse beiseitelegen.

2 Die Paprika- und Zwiebelstücke in der Brühe in einem Topf knapp unter dem Siedepunkt etwa 20 Minuten weich garen. Dann die Sahne, den Knoblauch, den Ingwer, Curry- und Räucherpaprikapulver dazugeben und alles mit dem Stabmixer fein pürieren. Die Suppe mit Salz abschmecken.

3 Für das Grillgemüse den Zucchino putzen, waschen, längs vierteln und in etwa ½ cm dicke Scheiben oder kleine Würfel schneiden.

4 Eine Pfanne bei mittlerer Temperatur erhitzen und das Öl mit einem Pinsel auf dem Pfannenboden verstreichen. Zucchino und beiseitegelegte Paprika- und Zwiebelwürfel darin unter gelegentlichem Rühren hellbraun anbraten. Knoblauch, Ingwer und Thymian hinzufügen und kurz mitbraten. Das Grillgemüse mit Salz würzen und Thymian und Ingwer wieder entfernen.

5 Die geräucherte Paprikasuppe auf vorgewärmte tiefe Teller oder Schälchen verteilen und das Grillgemüse darin anrichten.

Mein Gesundheitstipp

›› *Bunt ist gesund! Gemüsepaprika sind besonders reich an Vitamin C. Das Vitamin ist vor allem als Radikalfänger und Antioxidans bekannt. Es schützt zusammen mit Vitamin E (welches ebenfalls eine antioxidative Wirkung besitzt) die Körperzellen vor freien Radikalen, und beugt somit früher Zellalterung vor.* ‹‹

Maronensuppe
mit Portwein

Zutaten für 4 Personen

Für die Maronensuppe:
1 TL Puderzucker
50 ml roter Portwein
800 ml Hühnerbrühe
350 g gegarte Maronen (vakuumverpackt)
200 g Sahne
½ TL gehackte Zartbitterkuvertüre
¼ ausgekratzte Vanilleschote
1 Msp. abgeriebene unbehandelte Orangenschale
30 g kalte Butter
Salz · mildes Chilipulver

Für die Einlage:
100 g gegarte Maronen (vakuumverpackt)
100 g Champignons
1 TL braune Butter (siehe S. 151)
1 EL Petersilienblätter (frisch geschnitten)
mildes Chilisalz

1 Für die Maronensuppe den Puderzucker in eine Pfanne sieben und bei mittlerer Hitze karamellisieren. Mit dem Portwein ablöschen und auf ein Drittel einköcheln lassen.

2 Die Brühe mit den Maronen in einem zweiten Topf aufkochen. Die Sahne hinzufügen, die Hitze reduzieren und alles mit dem Stabmixer fein pürieren. Den eingekochten Portwein und die Kuvertüre zur Suppe geben. Die Vanilleschote hinzufügen, in der Suppe 1 bis 2 Minuten ziehen lassen und wieder entfernen. Die Orangenschale dazugeben und die kalte Butter mit dem Stabmixer unterrühren. Die Maronensuppe mit Salz und Chilipulver würzen.

3 Für die Einlage die Maronen vierteln. Die Champignons putzen, falls nötig, mit Küchenpapier trocken abreiben und halbieren.

4 Die braune Butter in einer Pfanne bei mittlerer Temperatur erhitzen und die Champignons darin kurz anbraten. Die Maronen hinzufügen und erwärmen, die Petersilie hineinstreuen und alles mit Chilisalz würzen.

5 Zum Servieren die Maroneneinlage mittig auf vorgewärmte tiefe Teller verteilen. Die Maronensuppe nochmals mit dem Stabmixer aufschäumen und in die Teller füllen. Die Suppe nach Belieben mit Croûtons bestreuen.

Mein Gesundheitstipp

>> *Fein für die kalte Jahreszeit: Maroni – oder Edelkastanien – schmecken nussig und mehlig. Das liegt an ihrem hohen Gehalt an wertvollen Kohlenhydraten. Maroni eignen sich deshalb prima als Energielieferanten für zwischendurch, z.B. in gerösteter Form. Maroni sind glutenfrei und lassen sich gut zu Gnocchi verarbeiten. Für Pfannkuchen oder Spätzle wird Kastanienmehl verwendet.* <<

SUPPEN & EINTÖPFE

Vietnamesische Gemüsesuppe
mit Hähnchen und Shiitake-Pilzen

Zutaten für 4 Personen
½ Stange Staudensellerie
1 kleine Karotte
70 g Shiitake-Pilze (oder Champignons)
2 Frühlingszwiebeln
200 g grüner Spargel
1 Stängel Zitronengras
2 Kaffir-Limettenblätter
¾ l Hühnerbrühe
1 Knoblauchzehe (in Scheiben)
1 TL Vietnamesische Gewürzpaste (ersatzweise gelbe Currypaste)
3 Scheiben Ingwer
milde Chiliflocken
200 g Hähnchenbrustfilet
1 TL Koriandergrün (grob geschnitten)
Salz

1 Den Sellerie putzen, waschen und in Scheiben schneiden. Die Karotte putzen, schälen und ebenfalls in Scheiben schneiden. Die Pilze putzen, falls nötig, mit Küchenpapier trocken abreiben und halbieren. Die Frühlingszwiebeln putzen, waschen und in 3 bis 4 mm dicke Ringe schneiden.

2 Den Spargel waschen, im unteren Drittel schälen und die holzigen Enden entfernen. Die Spargelköpfe abschneiden und beiseitelegen, die Stangen längs halbieren und schräg in 3 cm lange Stücke schneiden.

3 Vom Zitronengras die welken Außenblätter und die obere, trockene Hälfte entfernen, die untere Hälfte längs halbieren. Die Kaffir-Limettenblätter waschen, trocken tupfen und mehrmals einreißen.

4 Die Brühe in einem Topf erhitzen und den Knoblauch, das Zitronengras und die Limettenblätter dazugeben. Die Gewürzpaste, den Ingwer und 1 Prise Chiliflocken unterrühren und alles knapp unter dem Siedepunkt etwa 10 Minuten ziehen lassen. Nach 5 Minuten die Spargelstangen und -köpfe sowie den Sellerie in die Suppe geben.

5 Das Hähnchenbrustfilet waschen, trocken tupfen und in etwa 1½ cm große Würfel schneiden. Mit den Pilzen und Frühlingszwiebeln ebenfalls in die Suppe geben und alles knapp unter dem Siedepunkt 2 bis 3 Minuten ziehen lassen. Zitronengras und Kaffir-Limettenblätter aus der Suppe nehmen. Den Koriander hineingeben und die Suppe nach Bedarf mit Salz nachwürzen. Die Vietnamesische Gemüsesuppe auf vorgewärmte tiefe Teller verteilen.

Mein Gesundheitstipp

›› *Frühstück auf vietnamesische Art: Diese Suppe ist ein Streetfood-Klassiker in den Garküchen Vietnams und wird dort schon morgens verzehrt. Kein Wunder: Sie schmeckt köstlich, enthält so gut wie kein Fett und ist daher sehr kalorienarm. Dafür liefert sie reichlich Vitamine und Mineralstoffe, vor allem Kalium. Dieser Mineralstoff ist unter anderem für die Regelung des Wasserhaushalts im Körper verantwortlich.* ‹‹

Fitnesseintopf
von Gartengemüse

Zutaten für 4 Personen

1 große Kartoffel
1 Karotte
1 Zwiebel
100 g junger Weißkohl
½ kleine Fenchelknolle
1 Stange Staudensellerie
80 g kleine weiße Champignons
½ Bund Frühlingszwiebeln
80 g breite Bohnen
Salz
800 ml Gemüsebrühe
1 kleines Lorbeerblatt
1 Knoblauchzehe
1–2 Prisen getrocknetes Bohnenkraut
2 Scheiben Ingwer
1 Streifen unbehandelte Zitronenschale
mildes Chilipulver
1 EL mildes Olivenöl zum Beträufeln

1 Die Kartoffel schälen, waschen und in 1 cm große Würfel schneiden. Die Karotte putzen, schälen und schräg in Scheiben schneiden. Die Zwiebel schälen und in 1 ½ cm große Stücke schneiden. Den Weißkohl putzen, waschen und die Blätter in 1 ½ cm große Stücke schneiden.

2 Den Fenchel putzen, waschen, längs vierteln und quer in 1 ½ cm breite Stücke schneiden. Den Sellerie putzen, waschen und schräg in ½ cm breite Scheiben schneiden. Die Champignons putzen, falls nötig, mit Küchenpapier trocken abreiben und vierteln. Die Frühlingszwiebeln putzen, waschen und schräg in ½ cm breite Ringe schneiden.

3 Bohnen putzen, waschen und schräg in 1 ½ cm breite Stücke schneiden. In kochendem Salzwasser 4 bis 5 Minuten weich garen. In ein Sieb abgießen, kalt abschrecken und abtropfen lassen.

4 Kartoffel, Karotte, Zwiebel, Weißkohl, Fenchel und Sellerie mit der Brühe in einen Topf geben und das Lorbeerblatt hinzufügen. Das Gemüse knapp unter dem Siedepunkt 10 bis 15 Minuten weich garen. Knoblauch schälen und halbieren.

5 Kurz vor Ende der Garzeit Champignons, Frühlingszwiebeln, Bohnen, Knoblauch, Bohnenkraut, Ingwer und Zitronenschale hinzufügen. Gewürze einige Minuten ziehen lassen und wieder entfernen. Den Gemüseeintopf mit Salz und Chilipulver abschmecken, auf vorgewärmte tiefe Teller verteilen und mit Olivenöl beträufelt servieren.

Mein Gesundheitstipp

>> *Ideal für sportlich Aktive: Gemüsefenchel ist reich an Magnesium und Eisen. Magnesium hat eine tragende Rolle im Energiestoffwechsel, Eisen stimuliert die Blutbildung. Fenchel hat aber noch weitere positive Eigenschaften: Dank seiner ätherischen Öle wirkt er beruhigend auf Magen und Darm und schleimlösend auf die Atemwege. Seine Faserstoffe binden Fettstoffe und Stoffwechselprodukte und befördern sie aus dem Körper.* <<

Geeiste Gurken-Ingwer-Suppe
mit knusprig gebratenen Croûtons

Zutaten für 4 Personen

Für die Gurken-Ingwer-Suppe:
2 große Salatgurken
(à 450–500 g)
½ Knoblauchzehe
1 EL eingelegter Ingwer
1 Fl milder Weißweinessig
Salz
Zucker
Chilipulver
50 g Sahne

Für die Croûtons:
2 Scheiben Toastbrot

Außerdem:
einige Dillspitzen

1 Für die Gurken-Ingwer-Suppe die Salatgurken schälen und längs halbieren. Die Kerne mit einem Esslöffel entfernen und das Fruchtfleisch in grobe Stücke schneiden. Den Knoblauch schälen und in feine Würfel schneiden. Den Ingwer abtropfen lassen und klein schneiden.

2 Die Gurken mit ¼ l kaltem Wasser, dem Essig und dem Knoblauch im Küchenmixer oder mit dem Stabmixer fein pürieren, dabei ggf. noch etwas Wasser hinzugießen. Den Ingwer unterrühren und die Gurkensuppe mit Salz und je 1 Prise Zucker und Chilipulver würzen.

3 Die Sahne unterrühren und die Suppe nochmals mit Essig und Gewürzen abschmecken. Die Suppe 1 bis 2 Stunden kühl stellen.

4 Für die Croûtons das Toastbrot entrinden und in ½ bis 1 cm kleine Würfel schneiden. Die Brotwürfel in einer Pfanne ohne Fett bei milder Hitze rundum goldbraun rösten.

5 Die Gurken-Ingwer-Suppe nochmals aufmixen, nach Belieben nachwürzen und in vorgekühlte Gläser oder Suppentassen füllen. Mit den Croûtons bestreuen und mit dem Dill garnieren.

Mein Gesundheitstipp

» *Erfrischung in Grün: Auch wenn sie eine längliche Form haben – Gurken sind im eigentlichen Sinne große Beeren und zählen zu den rankenden Kürbisgewächsen. Es gibt kein Gemüse mit einem höheren Wassergehalt, deshalb darf man, bei nur 12 Kalorien pro 100 Gramm, auch Unmengen davon essen... Gurken sind also ein idealer Durstlöscher und unterstützen zudem den Stoffwechsel beim Entschlacken.* «

Fruchtige Gazpacho
mit dreierlei Sommergemüse

Zutaten für 4 Personen
1 rote Paprikaschote
2 Tomaten
½ Salatgurke
½–1 EL Rotweinessig
1–2 Scheiben Knoblauch
2 EL mildes Olivenöl
Salz
Zucker
mildes Chilipulver

1 Die Paprikaschote längs halbieren, entkernen und waschen. Die Tomaten waschen und vierteln, dabei die Stielansätze entfernen. Die Gurke schälen und längs halbieren.

2 Von allen Gemüsesorten so viel in kleine Würfel schneiden, dass jeweils etwa 1 EL herauskommt, und beiseitestellen. Das übrige Gemüse grob zerkleinern und mit 150 ml kaltem Wasser, Essig und Knoblauch im Küchenmixer oder mit dem Stabmixer fein pürieren.

3 Weitermixen und dabei das Olivenöl hinzufügen, je nach Konsistenz noch etwas Wasser dazugeben. Die Gazpacho mit Salz sowie je 1 Prise Zucker und Chilipulver würzen und 1 bis 2 Stunden kühl stellen.

4 Die Gazpacho aus dem Kühlschrank nehmen und nochmals mit Salz, Zucker und Chilipulver abschmecken. In vorgekühlte Gläser oder Suppentassen füllen und die beiseitegestellten Gemüsewürfel daraufstreuen. Die Gazpacho nach Belieben mit Kräutern, kleinen Gurkenspießen und Croûtons garniert servieren.

Mein Gesundheitstipp

›› Diese kühle Suppe ist ideal für heiße Sommertage und gerade nach dem Sport bestens dazu geeignet, den Flüssigkeitshaushalt wieder in Balance zu bringen.
Das Carotinoid Lycopin, das den Tomaten ihre leuchtend rote Farbe verleiht, gehört zu den wirksamsten in der Natur vorkommenden Antioxidantien. ‹‹

Feuriger Bohneneintopf
mit Debrecziner

Zutaten für 4 Personen
2 Zwiebeln
200 g breite Bohnen (oder grüne Bohnen)
Salz
250 g weiße Bohnen (aus der Dose)
¾ l Hühnerbrühe
1 Lorbeerblatt
250 g stückige Tomaten (aus der Dose)
1 EL FC Bayern-Chili-Grillgewürz (ersatzweise ½–1 TL Räucherpaprikapulver (Piment de la Vera picante))
½ TL getrocknetes Bohnenkraut
1 Knoblauchzehe (in Scheiben)
3 Scheiben Ingwer
½ TL abgeriebene unbehandelte Zitronenschale
2 EL Petersilienblätter (frisch geschnitten)
4 Debrecziner (140 g; ersatzweise Wiener Würstchen oder Kochschinken)
1 EL Olivenöl

1 Die Zwiebeln schälen und in 1 x 1 cm große Stücke schneiden. Die breiten Bohnen putzen, waschen und in etwa 1 ½ cm breite Stücke schneiden. Die Bohnen in kochendem Salzwasser einige Minuten weich garen. In ein Sieb abgießen, kalt abschrecken und abtropfen lassen. Die weißen Bohnen in einem Sieb abbrausen und abtropfen lassen.

2 Die Brühe mit den Zwiebeln und dem Lorbeerblatt in einem Topf knapp unter dem Siedepunkt 10 Minuten ziehen lassen. Tomatenstücke hineinrühren, mit dem Chili-Grillgewürz und dem Bohnenkraut würzen. Knoblauch und Ingwer hinzufügen und weitere 5 Minuten ziehen lassen. Beide Bohnensorten mit der Zitronenschale und der Petersilie hinzufügen und erwärmen. Lorbeerblatt und Ingwerscheiben wieder entfernen.

3 Die Debrecziner in Scheiben schneiden und in dem Eintopf einige Minuten ziehen lassen. Den Eintopf ggf. nochmals abschmecken.

4 Den Bohneneintopf auf vorgewärmte tiefe Teller verteilen und mit dem Olivenöl beträufeln.

Mein Gesundheitstipp

›› *Bohnen sind eine vorzügliche Quelle für Ballaststoffe, komplexe Kohlenhydrate, pflanzliches Eiweiß und Panthothensäure (Vitamin B_5). Das Vitamin kurbelt unseren Energiestoffwechsel an und sorgt im Doppelpack mit Magnesium dafür, dass wir nicht vorschnell aus der Haut fahren. Übrigens: Das mitgegarte Bohnenkraut erhöht die Bekömmlichkeit der Bohnen.* ‹‹

SUPPEN & EINTÖPFE 95

Fischeintopf
mit Curry und Gemüse

Zutaten für 4 Personen
2 kleine Karotten
1 kleiner Zucchino
1 Stange Staudensellerie
500 g gemischte Fischfilets
(z. B. Lachs und Kabeljau)
¾ l Gemüsebrühe
150 g Sahne
1 fein geriebene Knoblauchzehe
½ TL fein geriebener Ingwer
2 TL mildes Currypulver
20 g kalte Butter
mildes Chilisalz
Salz

1 Die Karotten putzen und schälen, den Zucchino und den Sellerie putzen und waschen. Das Gemüse in 3 bis 4 mm dünne Scheiben schneiden. Die Fischfilets waschen, trocken tupfen und in mundgerechte Stücke schneiden.

2 Die Brühe in einem Topf erhitzen, Karotten und Sellerie hineingeben und knapp unter dem Siedepunkt 5 Minuten ziehen lassen. Den Zucchino dazugeben und alles weitere 2 Minuten ziehen lassen. In ein Sieb abgießen und die Brühe dabei auffangen. Das Gemüse warm halten.

3 Die Brühe wieder in den Topf gießen, Sahne, Knoblauch, Ingwer und Currypulver dazugeben und alles erhitzen. Die kalte Butter hinzufügen, alles mit dem Stabmixer schaumig aufschlagen und mit Chilisalz würzen.

4 In einem weiteren Topf reichlich Salzwasser aufkochen. Den Topf vom Herd nehmen, die Fischstücke hineingeben und etwa 3 Minuten glasig durchziehen lassen.

5 Den Fisch mit dem Schaumlöffel aus dem Wasser nehmen und mit dem Gemüse in vorgewärmten tiefen Tellern anrichten. Die Suppe nochmals mit dem Stabmixer aufschäumen und auf die Teller verteilen.

Mein Gesundheitstipp

›› *Ob fetter Fisch wie Lachs oder mageres Fischfilet wie Kabeljau – beide Fischarten versorgen den Körper mit hochwertigem tierischem Eiweiß und sollten daher regelmäßig auf den Teller kommen. Vitamin B_6 (Pyridoxin), das die Verstoffwechselung von Eiweiß aktiviert, wird übrigens gleich mitgeliefert – damit auch alle Auf-, Um- und Abbauprozesse im Körper einwandfrei ablaufen.* ‹‹

Gemüse, Kartoffeln & Co.

Antipasti-Gemüse
mit Paprika und Fenchel

Zutaten für 4 Personen
je 1 rote und gelbe Paprikaschote
ca. 2 EL Öl
2 kleine Fenchelknollen
1 kleiner Zucchino
mildes Chilisalz
2 kleine Karotten
125 ml Gemüsebrühe
3–4 Zweige Thymian
2 Knoblauchzehen (in Scheiben)
3 Scheiben Ingwer
60 ml mildes Olivenöl
Salz · Pfeffer aus der Mühle

1 Den Backofengrill einschalten. Die Paprikaschoten längs vierteln, entkernen, waschen und trocken tupfen. Die Hautseiten und die Schnittkanten mit etwas Öl bestreichen, die Paprikaviertel auf ein Backblech legen und unter dem Grill auf der obersten Schiene so lange garen, bis die Haut dunkle Blasen wirft. Herausnehmen, etwas abkühlen lassen und die Haut abziehen. Die Paprika in grobe Stücke schneiden und in eine flache Form oder Schale geben.

2 Den Fenchel putzen, waschen und halbieren. Die Fenchelhälften längs in 3 mm dicke Scheiben schneiden. Den Zucchino putzen, waschen und schräg in 4 bis 5 mm dicke Scheiben schneiden.

3 Eine große Pfanne bei mittlerer Temperatur erhitzen und das restliche Öl mit einem Pinsel auf dem Pfannenboden verstreichen. Die Fenchel- und Zucchinischeiben darin auf beiden Seiten portionsweise anbraten, nach Bedarf nochmals etwas Öl in der Pfanne verteilen. Das Gemüse mit Chilisalz würzen und ebenfalls in die Form geben.

4 Die Karotten putzen, schälen und schräg in 3 bis 4 mm dicke Scheiben schneiden. Die Karottenscheiben mit der Brühe in einen Topf geben. Ein Blatt Backpapier darauflegen und die Karotten knapp unter dem Siedepunkt etwa 10 Minuten weich dünsten. Die Karotten samt Brühe ebenfalls in die Form geben.

5 Den Thymian waschen und trocken schütteln. Mit Knoblauch und Ingwer auf dem Gemüse verteilen. Das Olivenöl hinzufügen, alles mischen und mit Salz und Pfeffer würzen. Das Antipasti-Gemüse auf vorgewärmten Tellern anrichten. Dazu passen gebratene Garnelen (siehe S. 156), Calamari oder Grillfleisch sowie frisches Weißbrot.

Mein Gesundheitstipp

›› Was gut laufen soll, muss auch gut geölt sein – wie ein Auto benötigt auch unser Körper bestimmte ›Schmierstoffe‹, die Fettsäuren, um zu funktionieren. Olivenöl enthält einen günstigen Mix aus einfach und mehrfach ungesättigten Fettsäuren. Sie helfen, den Cholesterinspiegel zu senken und Herz und Kreislauf zu schützen. ‹‹

Okraschoten und Pimientos de Padrón
auf marokkanischer Tomatensauce

Zutaten für 4 Personen

Für die Tomatensauce:
350 g passierte Tomaten (aus der Dose)
80 ml Gemüsebrühe
1 fein geriebene Knoblauchzehe
½ TL fein geriebener Ingwer
50 ml mildes Olivenöl
1 gestrich. TL Ras-el-Hanout
mildes Chilisalz
Zucker

Für das Gemüse:
150 g kleine feste Champignons
200 g Okraschoten
200 g Pimientos de Padrón (»Bratpaprika«; kleine, grüne spanische Paprikaschoten)
2 EL Öl
mildes Chilisalz
gemahlener Kümmel
1 Msp. abgeriebene unbehandelte Zitronenschale
1 EL kalte Butter
je 1 TL Dillspitzen und Petersilienblätter (frisch geschnitten)
Fleur de Sel

1 Für die Tomatensauce die Dosentomaten mit der Brühe, dem Knoblauch und dem Ingwer in einem Topf erhitzen und knapp unter dem Siedepunkt 5 Minuten ziehen lassen. Das Olivenöl mit dem Stabmixer unterrühren. Die Tomatensauce mit Ras-el-Hanout, Chilisalz und 1 Prise Zucker würzen und warm halten.

2 Für das Gemüse die Champignons putzen und, falls nötig, mit Küchenpapier trocken abreiben. Die Okraschoten putzen, waschen und trocken tupfen, angetrocknete Enden abschneiden. Die Pimientos waschen und gut trocken tupfen.

3 Eine Pfanne bei mittlerer Temperatur erhitzen und ½ TL Öl mit einem Pinsel auf dem Pfannenboden verstreichen. Die Champignons darin einige Minuten anbraten. Mit Chilisalz, Kümmel und Zitronenschale würzen und aus der Pfanne nehmen.

4 Die Pfanne säubern, wieder erhitzen und ½ TL Öl mit dem Pinsel darin verteilen. Die Okraschoten darin etwa 5 Minuten rundum braten. Die Pfanne vom Herd nehmen, die Champignons und die Butter untermischen. Das Gemüse nochmals mit Chilisalz würzen und die Kräuter hinzufügen.

5 Eine weitere Pfanne bei mittlerer Temperatur erhitzen und das restliche Öl mit dem Pinsel auf dem Pfannenboden verteilen. Die Pimientos darin 5 Minuten rundum braten. Auf Küchenpapier abtropfen lassen und mit Fleur de Sel würzen.

6 Die Tomatensauce auf vorgewärmte Teller verteilen und die Okraschoten mit den Pilzen und den Pimientos darauf anrichten. Dazu passt Couscous oder Reis.

Mein Gesundheitstipp

» Holen Sie sich etwas Exotik auf den Teller! Okraschoten stammen ursprünglich aus Ostafrika, inzwischen zählt aber Indien zu den Hauptanbauländern. Die grünen Schoten sind reich an Kalium, das als Gegenspieler des Natriums den Wasserhaushalt des Körpers reguliert. Außerdem versorgen sie uns mit Magnesium und Folsäure. «

GEMÜSE, KARTOFFELN & CO.

Bayerische Gemüsepfanne
mit Pfifferlingen und Steinpilzen

Zutaten für 4 Personen
150 g Brokkoli
150 g Blumenkohl
150 g grüner Spargel
2 Karotten
1 rote Paprikaschote
80 g Zuckerschoten
je 150 g kleine feste Pfifferlinge
und Steinpilze
½ – 1 TL Öl
mildes Chilisalz
gemahlener Kümmel
¼ – ½ TL abgeriebene
unbehandelte Zitronenschale
1 TL kalte Butter
1–2 TL Petersilienblätter
(frisch geschnitten)
100 ml Gemüsebrühe
1 Zweig Rosmarin (gewaschen)
3 cm Vanilleschote
je 2 Streifen unbehandelte
Zitronen- und Orangenschale
2 Knoblauchzehen (in Scheiben)
4 Scheiben Ingwer
2 EL mildes Olivenöl
(oder braune Butter, siehe S. 151)
Pfeffer aus der Mühle
4 EL Parmesanspäne

1 Den Brokkoli und den Blumenkohl putzen, waschen und in Röschen teilen. Die Brokkolistiele schälen und in Scheiben schneiden. Den Spargel waschen und im unteren Drittel schälen, die holzigen Enden abschneiden. Die Spargelstangen schräg in 5 bis 6 cm lange Stücke schneiden. Die Karotten putzen, schälen, längs vierteln und in 5 bis 6 cm lange Stücke schneiden. Die Paprikaschote längs vierteln, entkernen, waschen und in etwa 1 cm dicke Streifen schneiden, diese halbieren. Die Zuckerschoten putzen, waschen und schräg halbieren. Die Pilze putzen, falls nötig, mit Küchenpapier trocken abreiben und die Steinpilze in Spalten oder ½ cm dicke Scheiben schneiden.

2 Den Dampfgarer oder Dampfbackofen auf 100 °C vorheizen. Außer den Zuckerschoten und Pilzen alle Gemüsesorten auf ein passendes Dämpfblech legen und im Dampf 15 Minuten fast weich garen. Nach 10 Minuten die Zuckerschoten dazugeben. Alternativ in einem großen Topf 2 cm hoch Wasser einfüllen und zum Kochen bringen. Das Gemüse in einen Dämpfkorb geben und den Dämpfkorb in den Topf setzen. Das Gemüse mit geschlossenem Deckel 10 bis 12 Minuten dämpfen.

3 Eine große Pfanne bei mittlerer Temperatur erhitzen und das Öl mit einem Pinsel auf dem Pfannenboden verstreichen. Die Pilze darin einige Minuten anbraten. Mit Chilisalz, 1 Prise Kümmel und geriebener Zitronenschale würzen, kalte Butter und Petersilie dazugeben.

4 Die Brühe mit Rosmarin, Vanille, Zitronen- und Orangenschalenstreifen, Knoblauch und Ingwer in einer großen tiefen Pfanne bei milder Hitze erwärmen. Das Gemüse in die Gewürzbrühe rühren und die Pilze hinzufügen. Die Pfanne vom Herd nehmen und das Olivenöl dazugeben. Das Gemüse mit Chilisalz und Pfeffer würzen und die ganzen Gewürze zum Schluss entfernen. Die Gemüsepfanne auf vorgewärmte Teller verteilen und mit den Parmesanspänen bestreut servieren.

Mein Gesundheitstipp

›› *Schlemmen erlaubt! Die Gemüsepfanne liefert die komplette Palette an Vitaminen und Mineralstoffen – und ist dabei ein kalorienarmer Genuss. Hier können Sie also getrost eine zweite Portion essen.* ‹‹

Ricotta-Parmesan-Gnocchi
in Karotten-Ingwer-Sauce

Zutaten für 4 Personen

Für die Ricotta-Parmesan-Gnocchi:
- 500 g Ricotta
- 100 g geriebener Parmesan
- 2 Eier
- 250 g doppelgriffiges Mehl
- 1 EL flüssige braune Butter (siehe S. 151)
- Salz
- frisch geriebene Muskatnuss

Für die Karotten-Ingwer-Sauce:
- 200 g Karotten
- 300 ml Gemüsebrühe
- 100 ml Kokosmilch
- ½ TL mildes Currypulver
- 1 fein geriebene Knoblauchzehe
- 1 TL fein geriebener Ingwer
- 20 g Butter
- mildes Chilisalz
- 1 ausgekratzte Vanilleschote
- 1 Zimtsplitter

Außerdem:
- doppelgriffiges Mehl für die Arbeitsfläche
- 1 EL Koriandergrün (frisch geschnitten)
- Parmesanspäne zum Bestreuen

1 Für die Ricotta-Parmesan-Gnocchi den Ricotta mit Parmesan, Eiern, Mehl, der braunen Butter, etwas Salz und Muskatnuss in einer großen Schüssel mischen und mit dem Teigschaber zu einem glatten Teig verarbeiten. Den Teig auf der stark bemehlten Arbeitsfläche (der Teig ist sehr weich) zu 2 cm dicken Rollen formen. Die Rollen in 1 bis 2 cm lange Stücke schneiden.

2 Die Gnocchi in siedendem Salzwasser garen, bis sie nach oben steigen, und weitere 2 Minuten ziehen lassen. Dann in ein Sieb abgießen, abtropfen lassen und warm halten.

3 Für die Karotten-Ingwer-Sauce die Karotten putzen, schälen und in kleine Würfel schneiden. Die Karotten in der Brühe etwa 20 Minuten garen. Dann die Karottenwürfel mit etwa 200 ml Brühe in einen hohen Rührbecher geben. Kokosmilch, Currypulver, Knoblauch, Ingwer und Butter hinzufügen und alles mit dem Stabmixer pürieren.

4 Die Sauce mit Chilisalz würzen und wieder in den Topf gießen. Vanille und Zimtsplitter hineingeben und knapp unter dem Siedepunkt einige Minuten ziehen lassen, anschließend entfernen und die Sauce nochmals abschmecken.

5 Die Karotten-Ingwer-Sauce mit dem Stabmixer aufschäumen und auf Pastateller verteilen. Die Gnocchi darauf anrichten. Mit Koriander und Parmesanspänen bestreut servieren.

Mein Gesundheitstipp

» *Einfach unschlagbar: Karotten sind der unangefochtene Sieger, wenn es um den Gehalt an Betacarotin, der Vorstufe des Vitamins A, geht. Sie enthalten aber auch fettlösliches Vitamin K, das sich regulierend auf die Knochenbildung auswirkt. Deshalb gilt gleich doppelt: Karotten unbedingt mit etwas Fett, z.B. mit Butter oder Olivenöl, verzehren.* «

Spinatknödel
mit Gewürzöl

Zutaten für 4 Personen

Für die Spinatknödel:
200 g junger Spinat
Salz
250 g Ricotta
100 g geriebener Parmesan
1 Ei
140 g doppelgriffiges Mehl
40 g Hartweizengrieß
Pfeffer aus der Mühle
frisch geriebene Muskatnuss
1 Msp. abgeriebene unbehandelte Zitronenschale
1 Lorbeerblatt

Für das Gewürzöl:
80 ml mildes Olivenöl
2 Knoblauchzehen (in Scheiben)
3 Scheiben Ingwer
3 cm Vanilleschote
2 Zimtsplitter
5 angedrückte grüne Kardamomkapseln
1 TL abgeriebene unbehandelte Zitronenschale
mildes Chilisalz

Außerdem:
4 EL geriebener Parmesan

1 Für die Spinatknödel den Spinat verlesen, waschen und abtropfen lassen. In Salzwasser 1 bis 1 ½ Minuten blanchieren, in ein Sieb abgießen, kalt abschrecken und abtropfen lassen. Spinat kräftig ausdrücken, damit der Knödelteig anschließend gut binden kann, und fein hacken.

2 Den Spinat mit Ricotta, Parmesan, Ei, Mehl und Grieß in eine Schüssel geben, mit Salz, Pfeffer und Muskatnuss würzen. Die Zitronenschale hinzufügen und alles zu einem glatten Teig verkneten.

3 Mit angefeuchteten Händen aus dem Knödelteig 16 golfballgroße Knödel formen. Reichlich Salzwasser mit dem Lorbeerblatt zum Kochen bringen und die Knödel darin knapp unter dem Siedepunkt etwa 20 Minuten gar ziehen lassen.

4 Inzwischen für das Gewürzöl das Olivenöl in einer großen Pfanne bei milder Hitze erwärmen. Knoblauch, Ingwer, Vanille, Zimt, Kardamom und Zitronenschale untermischen, alles mit Chilisalz würzen und einige Minuten ziehen lassen.

5 Die Knödel mit dem Schaumlöffel aus dem Wasser nehmen, kurz abtropfen lassen und in dem Gewürzöl wenden.

6 Die Spinatknödel auf vorgewärmten Tellern anrichten, mit dem Gewürzöl beträufeln und mit dem Parmesan bestreut servieren.

Mein Gesundheitstipp

›› *Das Gewürzöl verleiht den Spinatknödeln ein feines orientalisches Aroma. Daneben tun Sie Ihrer Gesundheit mit dem Öl viel Gutes: Kardamom unterstützt den Gehirnstoffwechsel. Vanille wird eine beruhigende und entspannende und somit nervenschonende Wirkung nachgesagt. Und Zimt wirkt stark antibakteriell und senkt den Blutzucker- und Blutfettspiegel.* ‹‹

Gefüllte Wirsingblätter
in Parmesanhülle

Zutaten für 4 Personen

Für die gefüllten Wirsingblätter:
4 große Wirsingblätter
Salz
½ kleine Zwiebel
200 g Pilze (z.B. Austernpilze, Champignons oder Egerlinge)
1 TL Öl
Pfeffer aus der Mühle
mildes Chilisalz
gemahlener Kümmel
1 Msp. gehackter Knoblauch
½ TL abgeriebene unbehandelte Zitronenschale
1 TL Petersilienblätter (frisch geschnitten)

Für die Parmesanhülle:
4 Eier
2 TL Dijon-Senf
160 g geriebener Parmesan
2 EL Mehl
mildes Chilisalz
frisch geriebene Muskatnuss

Außerdem:
doppelgriffiges Mehl zum Wenden
Öl zum Braten

1 Für die gefüllten Wirsingblätter die Wirsingblätter waschen und die Blattrippen herausschneiden. Die Blätter in kochendem Salzwasser 6 bis 8 Minuten bissfest garen. In ein Sieb abgießen, kalt abschrecken und abtropfen lassen. Die Blätter nacheinander zwischen 2 Lagen Küchenpapier legen und mit dem Nudelholz glatt rollen – so trocknen die Blätter.

2 Die Zwiebel schälen und in feine Würfel schneiden. Die Pilze putzen, falls nötig, mit Küchenpapier trocken abreiben und in kleine Stücke schneiden. Das Öl in einer heißen Pfanne mit einem Pinsel verstreichen und die Zwiebelwürfel darin bei milder Hitze andünsten. Die Pilze dazugeben, einige Minuten mitbraten und mit Salz, Pfeffer, Chilisalz, 1 Prise Kümmel, Knoblauch und Zitronenschale würzen, die Petersilie unterheben.

3 Für die Parmesanhülle die Eier, den Senf, den Parmesan und das Mehl verrühren und mit Chilisalz und Muskatnuss würzen.

4 Die Wirsingblätter jeweils zu zwei Dritteln mit den gebratenen Pilzen bestreichen, dabei etwas Rand frei lassen. Das freie Blattdrittel zuerst über die Füllung legen, dann die gefüllten Wirsingblätter nochmals zusammenklappen, sodass die Füllung komplett umschlossen ist. Die offenen Seiten etwas andrücken. Die Wirsingblätter vorsichtig in Mehl wenden, dann durch die Parmesan-Eier-Mischung ziehen und etwas abtropfen lassen.

5 Reichlich Öl in einer Pfanne erhitzen und die Wirsingblätter darin bei milder Hitze auf beiden Seiten je 3 Minuten goldbraun braten. Herausnehmen und auf Küchenpapier abtropfen lassen.

6 Die gefüllten Wirsingblätter auf vorgewärmten Tellern anrichten und nach Belieben einen Joghurtdip (siehe z.B. S. 155) dazu reichen.

Mein Gesundheitstipp

>> Parmesan zählt unter den Käsesorten zu den Spitzenreitern, was den Kalziumgehalt angeht, und ist somit ideal für eine ausgewogene Ernährung. Sein Eiweiß hat eine hohe biologische Wertigkeit. Zudem ist es leicht verdaulich und gut bekömmlich, da während des Reifeprozesses des Käses eine Art Vorverdauung der Aminosäuren stattfindet, und der menschliche Körper das Eiweiß dadurch besser verwerten kann. <<

Kartoffel-Gemüse-Curry
mit Kurkuma und Koriander

Zutaten für 4 Personen
250 g Brokkoli
Salz
500 g festkochende Kartoffeln
½–1 TL gemahlene Kurkuma
2 Karotten
1 rote Paprikaschote
350 ml Gemüsebrühe (oder Hühnerbrühe)
1 Knoblauchzehe
1 TL fein geriebener Ingwer
600 ml Kokosmilch
1 EL Speisestärke
1 EL mildes Currypulver (oder gelbe Currypaste)
mildes Chilisalz
1 EL Koriandergrün (oder Petersilienblätter; frisch geschnitten)

1 Den Brokkoli putzen, waschen und in Röschen teilen. In kochendem Salzwasser bissfest garen. In ein Sieb abgießen, kalt abschrecken und abtropfen lassen. Die Kartoffeln schälen, waschen und in 2 cm große Stücke schneiden. In Salzwasser mit der Kurkuma etwa 15 Minuten weich garen. Die Kartoffeln abgießen.

2 Die Karotten putzen, schälen und in ½ cm dicke Scheiben schneiden. Die Paprika längs halbieren, entkernen, waschen und in 1 ½ bis 2 cm große Stücke schneiden. Die Brühe in einem Topf erhitzen. Die Karotten und Paprika dazugeben, ein Blatt Backpapier darauflegen und das Gemüse knapp unter dem Siedepunkt 10 Minuten fast weich dünsten. In ein Sieb abgießen, die Brühe dabei auffangen und wieder in Topf geben.

3 Den Knoblauch schälen, fein reiben und mit dem Ingwer und der Kokosmilch zur Brühe in den Topf geben. Alles erhitzen. Die Speisestärke mit 4 EL kaltem Wasser glatt rühren und nach und nach in die köchelnde Sauce geben, bis diese leicht sämig bindet. Mit Currypulver und Chilisalz würzen. Das Gemüse in die Currysauce geben und darin kurz erhitzen, falls nötig, nochmals abschmecken.

4 Das Kartoffel-Gemüse-Curry auf vorgewärmte Teller verteilen und mit dem Koriandergrün bestreut servieren. Dazu passt Reis.

Mein Gesundheitstipp

›› *Kartoffeln sind wahre Alleskönner: Sie liefern dank Stärke und Eiweiß reichlich Energie, sind dabei jedoch relativ kalorienarm, da sie kein Fett, aber viel Wasser enthalten. Ihre Ballaststoffe unterstützen den Darm, der Mineralstoff Kalium entwässert und stärkt den Herzmuskel.* ‹‹

Kartoffeln
mit Kräuter-Ei-Quark

Zutaten für 4 Personen

*4 große festkochende Kartoffeln
(z.B. Idahoe-Potatoes)
Salz
1 Ei
500 g Magerquark
2 EL mildes Olivenöl
3 EL Gemüsebrühe
1 TL Dijon-Senf
2–3 EL gemischte Kräuterblätter
(z.B. Basilikum, etwas Dill, Kerbel
und Petersilie; frisch geschnitten)
mildes Chilisalz
je ¼ – ½ TL fein geriebener
Knoblauch und Ingwer
¼ Salatgurke
5 Radieschen*

1 Die Kartoffeln mit der Schale gründlich waschen und entweder in einem Kartoffel-Dampftopf oder in Salzwasser weich garen.

2 Das Ei in kochendem Wasser etwa 10 Minuten hart kochen. Kalt abschrecken, pellen und klein schneiden. Den Quark mit dem Olivenöl, der Brühe und dem Senf glatt rühren. Die Kräuter untermischen und den Quark mit Chilisalz, Knoblauch und Ingwer würzen.

3 Die Gurke schälen, halbieren und die Kerne mit einem Löffel entfernen. Die Gurke auf der Gemüsereibe grob raspeln oder in feine Würfel schneiden. Die Radieschen putzen, waschen und in kleine Würfel schneiden.

4 Ei, Gurke und Radieschen unter den Quark rühren und alles 10 Minuten ziehen lassen. Den Quark, falls nötig, noch etwas nachwürzen.

5 Zum Servieren die Kartoffeln auf Teller setzen, längs einschneiden und die Hälften etwas auseinanderdrücken. Den Kräuter-Ei-Quark auf den Kartoffeln anrichten.

Mein Gesundheitstipp

》 *Top für Muskeln und Nerven: Die Kombination aus Quark und Ei liefert bestes Eiweiß. Eier enthalten zudem die Aminosäure Phenylalanin, die an der Bildung des Botenstoffs Noradrenalin beteiligt ist. Dieser Stoff sorgt dafür, dass wir auch in Stresssituationen einen klaren Kopf behalten.* 《

Chili-Kartoffeln
mit Kräuterschmand

Zutaten für 4 Personen

Für die Chili-Kartoffeln:
1,2 kg festkochende Kartoffeln
1 Lorbeerblatt
2 kleine getrocknete Chilischoten
1 Knoblauchzehe (halbiert)
Salz
1 kleine frische rote Chilischote
1 TL Öl
20 g braune Butter (siehe S. 151)
1 fein geriebene Knoblauchzehe
½ TL fein geriebener Ingwer

Für den Kräuterschmand:
200 g Schmand
½–1 TL Dijon-Senf
2 EL gemischte Kräuterblätter
(z. B. Basilikum, Dill, Kerbel, Minze, Petersilie und Schnittlauch; frisch geschnitten)
½ TL abgeriebene unbehandelte Zitronenschale
Salz · Pfeffer aus der Mühle

1 Für die Chili-Kartoffeln die Kartoffeln schälen, waschen und in etwa 2 ½ cm große Würfel schneiden. Die Kartoffelwürfel mit dem Lorbeerblatt, den getrockneten Chilischoten und dem Knoblauch in Salzwasser etwa 20 Minuten weich garen. Die Kartoffeln in ein Sieb abgießen und die Gewürze entfernen. Die Kartoffelwürfel 5 bis 10 Minuten ausdampfen und dann abkühlen lassen.

2 Die frische Chilischote putzen, waschen und in feine Ringe schneiden. Eine große Pfanne bei mittlerer Temperatur erhitzen und das Öl mit einem Pinsel auf dem Pfannenboden verstreichen. Die Kartoffelwürfel darin rundum anbraten. Die Pfanne vom Herd nehmen und die braune Butter, Knoblauch, Ingwer und Chili hinzufügen. Die Kartoffeln mit Salz würzen und alles gut mischen.

3 Für den Kräuterschmand den Schmand mit dem Senf glatt rühren, nach Bedarf 1 EL Milch hineinrühren. Die Kräuter untermischen und den Schmand mit Zitronenschale, Salz und Pfeffer würzen.

4 Die Chili-Kartoffeln auf vorgewärmte Teller verteilen und den Kräuterschmand daneben anrichten.

Mein Gesundheitstipp

» Chilis machen nicht nur scharf, sondern auch glücklich! Zu danken haben wir das dem Capsaicin, das überwiegend in den Kernen steckt. Es wirkt direkt positiv auf unser Gehirn, indem es die Ausschüttung der körpereigenen Stimmungsaufheller (Endorphine) fördert – unser Wohlbefinden steigt augenblicklich. «

Kartoffelgröstl
mit Hendl und Rostbratwürsteln

Zutaten für 4 Personen
400 g festkochende Kartoffeln
Salz
1 Zwiebel
100 g breite Bohnen
1 große rote Paprikaschote
4 Frühlingszwiebeln
2 Hähnchenbrustfilets (à ca. 150 g)
80 ml Gemüsebrühe
1 Knoblauchzehe (in Scheiben)
2 Scheiben Ingwer
1–2 EL braune Butter (siehe S. 151)
2 TL Bratkartoffelgewürz
(ersatzweise eine MIschung aus
¼ TL gemahlenem Kümmel,
½ TL getrocknetem Majoran,
Salz und Pfeffer aus der Mühle)
½ TL Öl
10 Nürnberger Rostbratwürstel
1 EL Petersilienblätter (frisch geschnitten)
6 Wachteleier (3 Minuten wachsweich gekocht)

1 Die Kartoffeln mit der Schale gründlich waschen und in Salzwasser weich garen. Die Kartoffeln abgießen, ausdampfen lassen und möglichst heiß pellen. Die Kartoffeln auskühlen lassen und in Scheiben schneiden.

2 Die Zwiebel schälen und in 1 bis 1 ½ cm große Blätter schneiden. Die Bohnen putzen, waschen und schräg in 1 bis 1 ½ cm breite Stücke schneiden. In kochendem Salzwasser fast weich garen. In ein Sieb abgießen, kalt abschrecken und abtropfen lassen.

3 Die Paprikaschote längs vierteln, entkernen und waschen. Die Paprikaviertel mit dem Sparschäler schälen und in etwa 1 ½ cm große Stücke schneiden. Die Frühlingszwiebeln putzen, waschen und schräg in 1 cm breite Stücke schneiden. Die Hähnchenbrustfilets waschen, trocken tupfen und in 2 cm große Würfel schneiden.

4 Die Brühe mit der Paprika, Knoblauch und Ingwer in einen Topf geben, ein Blatt Backpapier darauflegen und die Paprika 5 Minuten dünsten. Die Hähnchenbrustwürfel mit den Frühlingszwiebeln dazugeben und das Fleisch knapp unter dem Siedepunkt 4 bis 5 Minuten saftig durchziehen lassen. Alles in ein Sieb abgießen und den Ingwer entfernen.

5 In einer Pfanne 1 EL braune Butter erhitzen und die Kartoffeln darin mit der Zwiebel portionsweise anbraten. Mit Bratkartoffelgewürz würzen.

6 In einer Pfanne das Öl erhitzen und die Rostbratwürstel darin rundum braten. Auf Küchenpapier abtropfen lassen und schräg halbieren. Die Gemüse-Hendl-Mischung und die Rostbratwürstel unter die Kartoffeln heben. Alles mit Salz würzen und die Petersilie unterrühren. Nach Belieben mit etwas brauner Butter verfeinern.

7 Das Kartoffelgröstl auf vorgewärmte Teller verteilen. Die Wachteleier pellen, halbieren und das Gröstl damit garnieren.

Mein Gesundheitstipp

>> *Erst nach dem Anschneiden treten die scharfen Schwefelverbindungen der Zwiebel ans Licht und lassen neben Tränen auch die Nase und Verdauungssäfte fließen. Diesen Sulfiden ist es zuzuschreiben, dass die Zwiebel als natürliches Antibiotikum gilt und unsere Arterien vor dem Verkalken schützt.* <<

Kartoffel-Ravioli
auf Erbsen-Minz-Sauce

Zutaten für 4 Personen

Für den Nudelteig:
300 g doppelgriffiges Mehl
120 g Hartweizengrieß
4 Eier
3 EL mildes Olivenöl
1 Prise Salz

Für die Füllung:
400 g mehligkochende Kartoffeln
Salz · 70 ml Milch
frisch geriebene Muskatnuss
mildes Chilisalz
1 Eigelb
1 EL braune Butter (siehe S. 151)
½–1 TL abgeriebene unbehandelte Zitronenschale

Für die Erbsen-Minz-Sauce:
½ Zwiebel (in feinen Würfeln)
300 ml Gemüsebrühe
150 g Erbsen (tiefgekühlt; aufgetaut)
1 geh. TL Aglio-e-olio-Gewürz (ersatzweise 1 fein geriebene Knoblauchzehe und ½ TL fein geriebener Ingwer)
100 g Sahne
20 g kalte Butter
4–5 Minzeblätter (frisch geschnitten)
Salz
frisch geriebene Muskatnuss

Außerdem:
Mehl für die Arbeitsfläche
1 Eiweiß · Salz
Hartweizengrieß zum Bestreuen
20 g braune Butter
Pfeffer aus der Mühle

1 Für den Nudelteig alle Zutaten zu einem elastischen Teig kneten. In Folie gewickelt im Kühlschrank mindestens 30 Minuten ruhen lassen.

2 Für die Füllung die Kartoffeln mit der Schale gründlich waschen und in Salzwasser weich garen. Abgießen, ausdampfen lassen und möglichst heiß pellen. Kartoffeln durch die Kartoffelpresse drücken und 2 EL Kartoffelmasse für die Sauce beiseitestellen. Die Milch erhitzen, Salz, Muskatnuss und etwas Chilisalz unterrühren und die Milch mit der Kartoffelmasse mischen. Eigelb, braune Butter und Zitronenschale unterrühren und, falls nötig, mit Salz nachwürzen. Die Kartoffelmasse in einen Spritzbeutel mit großer Lochtülle füllen.

3 Nudelteig vierteln und mit der Nudelmaschine oder dem Nudelholz zu 4 dünnen, langen Teigbahnen ausrollen, dabei mit etwas Mehl bestäuben. Eiweiß leicht salzen und verquirlen. Zwei Teigbahnen dünn mit dem Eiweiß bestreichen. Je etwa 2 cm Kartoffelfüllung im Abstand von 2 bis 3 cm daraufspritzen, restliche Teigbahnen locker und so glatt wie möglich darüberlegen. Obere Teigbahn um die Füllung herum andrücken. Mit einem runden Ausstecher (etwa 4 cm) Ravioli ausstechen, Ränder ohne Luftblasen verschließen und auf ein mit Grieß bestreutes Backblech legen. Ravioli in siedendem Salzwasser bissfest garen. Herausnehmen und in einer großen tiefen Pfanne in der zerlassenen braunen Butter wenden.

4 Für die Erbsen-Minz-Sauce Zwiebelwürfel in 100 ml Brühe garen, bis die gesamte Flüssigkeit verkocht ist. Restliche Brühe angießen, Erbsen und das Aglio-e-olio-Gewürz hinzufügen und knapp unter dem Siedepunkt 3 Minuten ziehen lassen. 4 EL Erbsen aus der Sauce nehmen und warm halten. Sahne dazugeben, beiseitegestellte Kartoffelmasse und Butter hinzufügen und alles zu einer sämigen Sauce pürieren. Minze unterrühren und Sauce mit Salz und Muskatnuss würzen. Erbsen-Minz-Sauce nochmals aufschäumen, auf vorgewärmte Teller verteilen und Ravioli darauf anrichten. Mit den restlichen Erbsen bestreuen und Pfeffer darübermahlen.

Mein Gesundheitstipp

>> *Nicht nur für Sportler zu empfehlen: Erbsen fördern die Blutbildung, denn sie sind reich an Kupfer. Der lebenswichtige Mineralstoff ist unentbehrlich für die Bildung des Farbstoffs der roten Blutkörperchen.* <<

GEMÜSE, KARTOFFELN & CO.

Safran-Orangen-Risotto
mit dicken Bohnen und Calamari

Zutaten für 4 Personen

Für den Safran-Orangen-Risotto:
15 Safranfäden
¼ TL gemahlene Kurkuma
1 Zwiebel
1 TL Puderzucker
300 g Risotto Reis (z. B. Arborio, Vialone nano oder Carnaroli)
50 ml Weißwein
1 l Gemüsebrühe
1 Lorbeerblatt
1 Knoblauchzehe (geschält und halbiert)
2 Scheiben Ingwer
3 cm Vanilleschote
1 TL abgeriebene unbehandelte Orangenschale
20 g kalte Butter
1–2 EL fein geriebener Parmesan
Salz · Pfeffer aus der Mühle
mildes Chilipulver

Für die Calamari und die Bohnen:
250 g Calamari-Tuben und -Arme (küchenfertig)
1 rote Spitzpaprikaschote
150 g dicke Bohnenkerne (tiefgekühlt; blanchiert)
80 ml Gemüsebrühe
mildes Chilisalz
1 TL Öl
3 Knoblauchzehen (in Scheiben)
3 Scheiben Ingwer
1 EL Petersilienblätter (frisch geschnitten)
2 EL mildes Olivenöl

1 Für den Safran-Orangen-Risotto Safran und Kurkuma in 2 EL heißem Wasser einweichen. Die Zwiebel schälen und in feine Würfel schneiden. Den Puderzucker in einen Topf bei mittlerer Hitze hell karamellisieren und die Zwiebelwürfel darin andünsten. Den Reis unterrühren, mit dem Wein ablöschen und einkochen lassen. Die Brühe angießen und das Lorbeerblatt hinzufügen. Ein Blatt Backpapier darauflegen und den Reis knapp unter dem Siedepunkt etwa 20 Minuten garen, bis der Risotto cremig ist, aber noch Biss hat.

2 Nach 15 Minuten Garzeit den Knoblauch, Ingwer und Vanille in den Risotto geben. Sobald der Reis fertig ist, alle ganzen Gewürze wieder entfernen. Den Safran und die Kurkuma hineinrühren. Die Orangenschale, Butter und Parmesan unterrühren und den Risotto mit Salz, Pfeffer und 1 Prise Chilipulver abschmecken.

3 Für die Calamari die Tuben und Arme (Tentakel) waschen und trocken tupfen. Die Tuben in 3 cm große Stücke und die Tentakeln klein schneiden. Für die Bohnen die Paprika längs halbieren, entkernen, waschen und in 1 cm große Stücke schneiden. Die Bohnenkerne aus den Häutchen drücken. Die Brühe in einer Pfanne erhitzen und die Paprika darin einige Minuten weich dünsten, bis die Brühe fast verkocht ist. Die Bohnenkerne dazugeben, erhitzen und mit Chilisalz würzen.

4 Eine große Pfanne bei mittlerer Temperatur erhitzen und das Öl mit einem Pinsel auf dem Pfannenboden verstreichen. Die Calamari darin etwa 1 Minute anbraten, die Pfanne vom Herd nehmen. Paprika, Bohnen, Knoblauch, Ingwer und Petersilie hinzufügen, das Olivenöl unterrühren und alles mit Chilisalz würzen. Den Ingwer wieder entfernen.

5 Den Safran-Orangen-Risotto auf vorgewärmte Teller verteilen und die Bohnen mit Paprika und Calamari darauf anrichten.

Mein Gesundheitstipp

» *Kleines Korn, große Wirkung: Reis besteht zu etwa 70 Prozent aus energiespendender Stärke. Das enthaltene Eiweiß ist reich an essenziellen Aminosäuren. Daneben ist Reis wie alle Getreidesorten eine gute Quelle für Mineralstoffe wie Eisen, Magnesium und Zink sowie für B-Vitamine.* «

Flammkuchen
mit Tomaten und Feta

Zutaten für 4 Personen

Für den Hefeteig:
ca. 10 g frische Hefe
250 g Mehl
1 gestr. TL Salz
2 EL Olivenöl

Für den Belag:
300 g saure Sahne
2 TL Kräuter der Provence
(oder italienische Kräuter)
mildes Chilisalz
300 g Cocktailtomaten
(gelbe und rote)
250 g Feta (Schafskäse)
1–2 Handvoll Basilikumblätter
4 EL Oliven (schwarz oder grün; ohne Stein)

Außerdem:
Olivenöl für die Bleche
Mehl für die Arbeitsfläche

1 Für den Hefeteig die Hefe zerbröckeln und in 150 ml lauwarmem Wasser auflösen. Das Mehl mit dem Salz in einer Schüssel mischen und eine Mulde hineindrücken. Die Hefe hineingießen und mit etwas Mehl sämig verrühren. Das Olivenöl hinzufügen und alles zu einem glatten, elastischen Teig verkneten. Den Hefeteig in 4 Portionen teilen und mit Frischhaltefolie zugedeckt an einem warmen Ort 30 Minuten gehen lassen.

2 Für den Belag die saure Sahne mit den Kräutern glatt rühren und mit Chilisalz würzen.

3 Den Backofen auf 210 °C vorheizen. Zwei Backbleche mit Olivenöl einfetten. Die Teigportionen auf der bemehlten Arbeitsfläche zu 4 ovalen, dünnen Fladen ausrollen und je 2 Fladen auf ein Backblech legen. Die Sahne-Kräuter-Mischung gleichmäßig auf den Teigfladen verstreichen, dabei einen 1 cm breiten Rand frei lassen. Die Fladen nacheinander im Ofen auf der untersten Schiene etwa 20 Minuten goldbraun backen.

4 Inzwischen die Cocktailtomaten waschen und halbieren, den Schafskäse in Würfel schneiden. Die Basilikumblätter waschen, trocken tupfen und in Stücke zupfen. Die Flammkuchen aus dem Ofen nehmen und die Tomaten, den Feta und die Oliven darauf verteilen. Mit dem Basilikum bestreut servieren.

Mein Gesundheitstipp

›› *Der Original-Feta wird aus Schafsmilch hergestellt. Bei uns im Handel findet sich aber auch Feta aus Kuhmilch. Beide sind eine gute Wahl, um den Körper mit Kalzium zu versorgen. Der Mineralstoff sorgt nicht nur für starke Knochen und Zähne, sondern beeinflusst maßgeblich die Erregbarkeit der Nerven, die Muskelkontraktionen und die Herzarbeit.* ‹‹

Pasta

Pappardelle
mit Ratatouille

Zutaten für 4 Personen

Für die Ratatouille:
1 ½ Zwiebeln
¼ l Gemüsebrühe
200 g passierte Tomaten (aus der Dose)
150 g stückige Tomaten (aus der Dose)
je 2 TL fein geriebener Knoblauch und Ingwer
1 Msp. abgeriebene unbehandelte Orangenschale
Salz
1 TL Kräuter der Provence
milde Chiliflocken
Pfeffer aus der Mühle
Zucker
½ Zucchino (ca. 150 g)
¼ Aubergine
je 1 rote und gelbe Paprikaschote

Für die Nudeln:
400 g Pappardelle
Salz
3 Scheiben Ingwer

1 Für die Ratatouille ½ Zwiebel schälen und in feine Würfel schneiden. In einem Topf in 100 ml Wasser weich garen, bis die gesamte Flüssigkeit verkocht ist. 150 ml Brühe und die passierten Tomaten aus der Dose dazugeben und knapp unter dem Siedepunkt 5 Minuten ziehen lassen, dann mit dem Stabmixer pürieren.

2 Die stückigen Tomaten dazugeben, Knoblauch, Ingwer und Orangenschale hinzufügen und die Sauce mit Salz, Kräutern der Provence, 1 Prise Chiliflocken, Pfeffer und 1 Prise Zucker würzen. Die Sauce warm halten.

3 Den Zucchino putzen, waschen, längs vierteln und in ½ cm breite Scheiben schneiden. Die Aubergine waschen und in ½ cm breite Scheiben und diese in Stücke schneiden. Die übrige Zwiebel schälen und in 1 cm große Blätter schneiden. Die Paprikaschoten längs halbieren, entkernen, waschen und in etwa 1 ½ cm große Stücke schneiden.

4 Die restliche Brühe in einer großen Pfanne erhitzen. Aubergine, Zwiebel und Paprika darin bei mittlerer Hitze etwa 5 Minuten dünsten. Dann die Zucchinischeiben dazugeben und alles weitere 4 Minuten dünsten.

5 Den Gemüse-Mix in die Tomatensauce rühren, die Ratatouille salzen und ggf. noch etwas nachwürzen. Knapp unter dem Siedepunkt noch 5 Minuten ziehen lassen.

6 Inzwischen für die Nudeln die Pappardelle in reichlich kochendem Salzwasser mit den Ingwerscheiben bissfest garen. In ein Sieb abgießen, abtropfen lassen und den Ingwer entfernen. Die Nudeln unter die Ratatouille heben, nochmals kurz erhitzen und auf vorgewärmten Pastatellern anrichten.

Mein Gesundheitstipp

>> *Fitmacher aus der Mittelmeerküche: Auberginen und Zucchini sind sehr kalorienarme Gemüse, die zahlreiche wertvolle Inhaltsstoffe mit sich bringen. Die gute Mischung aus Kupfer und Folsäure in Auberginen stellt die Bildung der roten Blutkörperchen sicher. Ballaststoffe und Bitterstoffe beeinflussen den Cholesterinspiegel positiv. Zucchini liefern immunstärkendes Vitamin C und Betacarotin.* <<

Spaghetti
mit Knoblauch und Ingwer

Zutaten für 4 Personen

500 g dünne Spaghetti
Salz
8 Scheiben Ingwer
3 Knoblauchzehen
1 rote Chilischote
350 ml Gemüsebrühe
1 EL Petersilienblätter (frisch geschnitten)
4 EL mildes Olivenöl
4 EL geriebener Parmesan

1 Die Spaghetti in reichlich kochendem Salzwasser mit 3 Ingwerscheiben etwa 3 Minuten kürzer, als auf der Packung angegeben, garen. In ein Sieb abgießen, abtropfen lassen und die Ingwerscheiben entfernen.

2 Den Knoblauch schälen und in dünne Scheiben schneiden. Die Chilischote längs halbieren, entkernen, waschen und in Streifen schneiden.

3 Die Brühe mit dem restlichen Ingwer, Knoblauch, Chili und Petersilie aufkochen. Die vorgegarten Nudeln hinzufügen und etwa 2 Minuten garen, bis sie fast die gesamte Flüssigkeit aufgenommen haben.

4 Die Spaghetti in vorgewärmten Pastatellern anrichten, mit dem Olivenöl beträufeln und mit Parmesan bestreut servieren.

Mein Gesundheitstipp

>> *Das Einfache ist oft am besten! Für dieses Rezept trifft es gleich in zweierlei Hinsicht zu: Erstens schmecken die Nudeln so zubereitet einfach köstlich. Und zweitens bekommt der Körper dank Knoblauch reichlich Sulfide, die wie ein Jungbrunnen für Herz und Kreislauf sind. Übrigens: Der in der Brühe mitgegarte Ingwer mildert die geruchsbildende Wirkung des Knoblauchs.* <<

Farfalle
mit Basilikum-Tomaten-Sauce

Zutaten für 4 Personen
350 g passierte Tomaten (aus der Dose)
300 ml Gemüsebrühe
4–5 Stiele Basilikum
1 fein geriebene Knoblauchzehe
1 Msp. fein geriebener Ingwer
4 EL mildes Olivenöl
mildes Chilisalz
Pfeffer aus der Mühle
Zucker
frisch geriebene Zimtrinde
400 g Farfalle
Salz
3 Scheiben Ingwer
1 Bund Rucola (ca. 50 g)
4 EL geriebener Parmesan

1 Die passierten Tomaten mit 100 ml Brühe in einem Topf erhitzen. Das Basilikum waschen und trocken schütteln, die Blätter abzupfen und beiseitelegen. Die Stiele hacken, mit Knoblauch und geriebenem Ingwer in die Sauce rühren und knapp unter dem Siedepunkt etwa 5 Minuten ziehen lassen.

2 Das Olivenöl mit dem Stabmixer unterrühren. Die Basilikum-Tomaten-Sauce mit Chilisalz, Pfeffer, Zucker und etwas Zimt würzen.

3 Die Farfalle in reichlich kochendem Salzwasser mit den Ingwerscheiben etwa 3 Minuten kürzer, als auf der Packung angegeben, garen. In ein Sieb abgießen, abtropfen lassen und die Ingwerscheiben entfernen.

4 Den Rucola verlesen, waschen und trocken schleudern, grobe Stiele entfernen. Den Rucola in Stücke schneiden.

5 Die restliche Brühe in einer großen tiefen Pfanne erhitzen. Die vorgegarten Nudeln dazugeben und 1 bis 2 Minuten garen, bis sie fast die gesamte Flüssigkeit aufgenommen haben. Die Tomaten-Basilikum-Sauce hinzufügen und das Ganze nochmals erhitzen. Die beiseitegelegten Basilikumblätter klein zupfen und mit dem Rucola untermischen, falls nötig, noch etwas nachwürzen.

6 Die Farfalle mit Tomaten-Basilikum-Sauce auf vorgewärmte Pastateller verteilen und mit Parmesan bestreut servieren.

Mein Gesundheitstipp

>> *Rucola, zu deutsch Rauke, schmeckt nicht nur im Salat, sondern verfeinert auch warme Gerichte wie diese Pastasauce. Für seinen leicht scharfen, nussigen Geschmack sind die Senföle (Glucosinolate) verantwortlich. Sie senken den Cholesterinspiegel und wirken keimtötend. Daneben stärkt Rucola den Körper mit den Antioxidantien Zink und Betacarotin.* <<

Penne in Meerrettichsauce
mit Wurzelgemüse

Zutaten für 4 Personen

½ Lauchstange (v.a. der grüne Anteil)
2 Karotten
120 g Knollensellerie
1 Zwiebel
½ l Gemüsebrühe
1 EL Aglio-e-olio-Gewürz (ersatzweise 1 fein geriebene Knoblauchzehe und ½ TL fein geriebener Ingwer)
400 g Penne
Salz
3 Scheiben Ingwer
100 g Sahne
2 EL Tafelmeerrettich
1 EL Dijon-Senf
1 fein geriebene Knoblauchzehe
1 Msp. abgeriebene unbehandelte Zitronenschale
mildes Chilisalz
frisch geriebene Muskatnuss
1–2 EL Petersilienblätter (frisch geschnitten)
1 Stück Meerrettichwurzel

1 Den Lauch putzen, gründlich waschen und abtropfen lassen. Karotten, Sellerie und Zwiebel putzen und schälen. Die Karotten längs in 3 bis 4 mm dicke Scheiben und diese in 1 ½ bis 2 cm große Rauten schneiden. Den Sellerie in 3 bis 4 mm dicke Scheiben und diese in 1 ½ bis 2 cm große Rauten schneiden. Zwiebel und Lauch ebenfalls in 1 ½ bis 2 cm große Rauten schneiden.

2 Die Brühe in einer großen tiefen Pfanne erhitzen. Karotten, Sellerie und Zwiebel dazugeben und ein Blatt Backpapier darauflegen. Das Gemüse am Siedepunkt etwa 10 Minuten garen.

3 Den Lauch hinzufügen, Backpapier wieder darauflegen und das Gemüse weitere 3 bis 4 Minuten gerade weich garen. In ein Sieb abgießen, dabei die Brühe auffangen. Das Gemüse beiseitestellen, die Brühe wieder in die Pfanne geben und das Aglio-e-olio-Gewürz unterrühren.

4 Penne in reichlich kochendem Salzwasser mit den Ingwerscheiben etwa 3 Minuten kürzer, als auf der Packung angegeben, garen. In ein Sieb abgießen, abtropfen lassen und die Ingwerscheiben entfernen.

5 Sahne, Meerrettich, Senf und Knoblauch in die Brühe rühren und aufkochen. Die vorgegarten Nudeln dazugeben und etwa 2 Minuten garen, bis sie fast die gesamte Flüssigkeit aufgenommen haben. Das Gemüse wieder hinzufügen, alles erhitzen und mit Zitronenschale, Chilisalz und Muskatnuss würzen.

6 Die Petersilie unter die Nudeln mischen und die Penne in Meerrettichsauce auf vorgewärmte Pastateller verteilen. Etwas Meerrettich frisch darüberhobeln.

Mein Gesundheitstipp

›› *Mit seiner Schärfe kann es Meerrettich durchaus mit Chili und Pfeffer aufnehmen. In der überaus gesunden Wurzel stecken reichlich Senföle, die dafür verantwortlich sind, dass einem beim Reiben der Wurzel die Tränen in die Augen schießen. Diese ätherischen Öle regen den Stoffwechsel an, fördern die Durchblutung und sind ein ›natürliches‹ Antibiotikum: Sie töten Bakterien, Viren und Pilze ab.* ‹‹

Rote-Bete-Ravioli
mit Mohn-Limetten-Butter

Zutaten für 4 Personen

Für die Füllung:
400 g Rote Beten
Salz
ganzer Kümmel
½ Zwiebel
¼ Apfel
1 TL braune Butter (siehe S. 151)
Pfeffer aus der Mühle
getrockneter Majoran

Für den Nudelteig:
300 g doppelgriffiges Mehl
120 g Hartweizengrieß
4 Eier
3 EL mildes Olivenöl
Salz

Für die Mohn-Limetten-Butter:
80 g braune Butter
1 EL Blaumohn
abgeriebene Schale von
1 unbehandelten Limette
mildes Chilisalz

Außerdem:
Mehl für die Arbeitsfläche
1 Eiweiß zum Bestreichen
Hartweizengrieß zum Bestreuen
Salz

1 Für die Füllung die Roten Beten in Salzwasser mit ½ TL Kümmel etwa 1 ½ Stunden weich garen. Für den Nudelteig das Mehl, den Grieß, die Eier, das Olivenöl und 1 Prise Salz mit den Knethaken des Handrührgeräts zu einem glatten, elastischen Nudelteig verkneten. In Frischhaltefolie wickeln und im Kühlschrank mindestens 30 Minuten ruhen lassen.

2 Die Roten Beten abgießen, schälen und in kleine Würfel schneiden. Die Zwiebel schälen und in feine Würfel schneiden. Das Apfelviertel schälen, entkernen und ebenfalls in kleine Würfel schneiden. Die Butter in einer Pfanne erhitzen und die Zwiebelwürfel darin bei milder Hitze andünsten. Die Apfelwürfel dazugeben und kurz mitdünsten. Die Rote-Bete-Würfel hinzufügen und die Füllung mit Salz, Pfeffer sowie je 1 Prise Majoran und Kümmel würzen.

3 Den Nudelteig vierteln und mit der Nudelmaschine oder mit dem Nudelholz auf der bemehlten Arbeitsfläche zu 4 dünnen, langen Teigbahnen ausrollen, ggf. bis zur Weiterverwendung mit Frischhaltefolie bedecken.

4 Zwei Teigbahnen jeweils dünn mit verquirltem Eiweiß bestreichen. Die Füllung teelöffelweise im Abstand von etwa 6 cm daraufsetzen und die restlichen beiden Teigbahnen jeweils locker und so glatt wie möglich darüberlegen. Die obere Teigbahn mit den Fingern um die Füllung herum andrücken, mit einem runden Ausstecher (5 bis 6 cm Durchmesser) Ravioli ausstechen und dabei die Ränder ohne Luftblasen verschließen. Bis zum Kochen auf ein mit Grieß bestreutes Backblech legen. Ravioli in reichlich siedendem Salzwasser bissfest garen, herausnehmen und abtropfen lassen.

5 Für die Mohn-Limetten-Butter die braune Butter in einer Pfanne zerlassen. Den Mohn in einer Pfanne ohne Fett bei milder Hitze anrösten. Den Mohn zur braunen Butter geben, die Limettenschale hineinrühren und alles mit Chilisalz würzen. Die Rote-Bete-Ravioli darin schwenken und mit etwas Mohn-Limetten-Butter beträufelt auf Pastateller verteilen.

Mein Gesundheitstipp

» *Hier ist die Farbe Programm: Rote Bete enthält einen besonderen Mix aus Vitaminen und Mineralstoffen (Vitamin C, Folsäure, Eisen und Kupfer), der die Blutbildung unterstützt. Die dunkelrote Knolle ist daher quasi ein Muss für alle, die sportlich sehr aktiv sind.* «

Tagliatelle
mit Pilzsauce

Zutaten für 4 Personen
450 ml Gemüsebrühe
1 Lorbeerblatt
3 EL getrocknete Egerlinge (oder Champignons)
120 g Sahne
mildes Chilisalz
Pfeffer aus der Mühle
1 fein geriebene Knoblauchzehe
1 Msp. fein geriebener Ingwer
gemahlener Kümmel
½ TL abgeriebene unbehandelte Zitronenschale
½ Zwiebel
400 g gemischte Pilze (z.B. Champignons, Pfifferlinge, Shiitake-Pilze und Steinpilze)
1 TL Öl
Salz
ca. 2 EL Petersilienblätter (frisch geschnitten)
400 g Tagliatelle
3 Scheiben Ingwer
20 g kalte Butter

1 Die Brühe mit dem Lorbeerblatt aufkochen, vom Herd nehmen, die Trockenpilze hinzufügen und 20 Minuten ziehen lassen.

2 Das Lorbeerblatt entfernen, die Pilze in ein Sieb abgießen, dabei die Brühe auffangen. Die Brühe mit der Sahne in eine große tiefe Pfanne geben. Die getrockneten Pilze hacken und zur Sauce geben. Mit Chilisalz, Pfeffer, Knoblauch, geriebenem Ingwer, 1 Prise Kümmel und Zitronenschale würzen.

3 Die Zwiebel schälen und in feine Würfel schneiden. Die frischen Pilze putzen, falls nötig, mit Küchenpapier trocken abreiben und je nach Größe in Spalten oder ½ cm dicke Scheiben schneiden. Eine Pfanne bei mittlerer Temperatur erhitzen und das Öl mit einem Pinsel auf dem Pfannenboden verstreichen. Die Zwiebelwürfel darin etwa 2 Minuten dünsten. Die Pilze hinzufügen und etwa 2 Minuten anbraten. Mit Salz und Pfeffer würzen und 1 EL Petersilie hinzufügen.

4 Die Tagliatelle in reichlich kochendem Salzwasser mit den Ingwerscheiben 2 Minuten kürzer, als auf der Packung angegeben, garen. In ein Sieb abgießen, abtropfen lassen und den Ingwer wieder entfernen.

5 Die vorgegarten Nudeln in die Sauce geben und 1 bis 2 Minuten garen, bis sie fast die gesamte Flüssigkeit aufgenommen haben. Die gebratenen Pilze daruntermischen, die kalte Butter hinzufügen und alles mit Chilisalz abschmecken.

6 Die Tagliatelle mit der Pilzsauce in vorgewärmten Pastatellern anrichten und mit der restlichen Petersilie bestreut servieren.

Mein Gesundheitstipp

» Bei Pilzen dürfen Sie ruhig öfter zugreifen: Sie verfeinern viele Gerichte mit ihrem Aroma und liefern dabei fett- und kalorienarmen Genuss. Mit ihrem hohen Gehalt an Ballaststoffen und Aminosäuren sowie knochenstärkendem Vitamin D sind sie ideal für eine ausgewogene Ernährung. «

Makkaroni
mit Spinat, Schafskäse und Walnüssen

Zutaten für 4 Personen

100 g Babyspinat
150 g Feta (Schafskäse)
5 Softaprikosen
400 g kurze Makkaroni
Salz
5 Scheiben Ingwer
350 ml Gemüsebrühe
2 fein geriebene Knoblauchzehen
1 TL fein geriebener Ingwer
1 geh. EL FC Bayern-Steak- und Grillgewürz (ersatzweise ein anderes Steak- und Grillgewürz)
½ TL Räucherpaprikapulver (Piment de la Vera picante)
1 ausgekratzte Vanilleschote
2 EL Walnusskerne

1 Den Spinat verlesen, gründlich waschen und abtropfen lassen. Den Schafskäse in Würfel schneiden. Die Aprikosen in ½ bis 1 cm breite Streifen schneiden.

2 Makkaroni in reichlich kochendem Salzwasser mit den Ingwerscheiben 3 Minuten kürzer, als auf der Packung angegeben, garen. In ein Sieb abgießen, abtropfen lassen und den Ingwer entfernen.

3 Die Brühe in einer großen tiefen Pfanne erhitzen. Knoblauch, geriebenen Ingwer, Steak- und Grillgewürz, Räucherpaprikapulver und Vanilleschote hinzufügen. Die vorgegarten Nudeln dazugeben und etwa 2 Minuten garen, bis sie fast die gesamte Flüssigkeit aufgenommen haben.

4 Spinatblätter und Trockenaprikosen unterheben, den Spinat kurz zusammenfallen lassen. Die Pfanne vom Herd nehmen, den Schafskäse unter die Nudeln mischen und kurz erwärmen. Die Vanilleschote wieder entfernen und die Makkaroni mit Salz würzen.

5 Die Walnüsse grob hacken. Die Makkaroni in vorgewärmten Pastatellern anrichten und mit den Walnüssen bestreuen.

Mein Gesundheitstipp

▸▸ Grün ist Trumpf: Spinat versorgt uns neben Folsäure mit reichlich Magnesium, das unser Körper für eine gut funktionierende Muskulatur und starke Nerven benötigt.
Wahre Nährstoffwunder: Von Omega-3-Fettsäuren über B-Vitamine und Lezithin bis hin zu zahlreichen Mineralstoffen – Walnüsse speichern auf kleinstem Raum wertvolle Nährstoffe. ◂◂

Rigatoni
mit Tomaten, Rucola und Thunfisch

Zutaten für 4 Personen
250 g Cocktailtomaten
1 Bund Rucola (ca. 50 g)
400 g Rigatoni (oder Mezze Rigatoni)
Salz
3 Scheiben Ingwer
350 ml Gemüsebrühe
2 EL Bruschettagewürz
1 fein geriebene Knoblauchzehe
½–1 TL fein geriebener Ingwer
150 g Thunfisch (aus der Dose)
50 g schwarze Oliven (ohne Stein)
1 Msp. abgeriebene unbehandelte Zitronenschale
mildes Chilisalz
2 EL geriebener Parmesan
2 EL mildes Olivenöl

1 Die Cocktailtomaten waschen und halbieren. Den Rucola verlesen, waschen, trocken schleudern und die Blätter von den Stielen zupfen. Die Stiele fein schneiden, die Blätter in 1 bis 1 ½ cm breite Stücke schneiden.

2 Die Rigatoni in reichlich kochendem Salzwasser mit den Ingwerscheiben 3 Minuten kürzer, als auf der Packung angegeben, garen. In ein Sieb abgießen, abtropfen lassen und den Ingwer entfernen.

3 Die Brühe mit dem Bruschettagewürz in einer großen tiefen Pfanne erhitzen, Knoblauch und geriebenen Ingwer hineinrühren. Die vorgegarten Nudeln dazugeben und etwa 2 Minuten garen, bis sie fast die gesamte Flüssigkeit aufgenommen haben.

4 Den Thunfisch auf einem Sieb abtropfen lassen. Cocktailtomaten und Oliven zu den Nudeln in die Pfanne geben, erhitzen und mit Zitronenschale und Chilisalz würzen. Die Pfanne vom Herd nehmen, Rucola, Thunfisch und Parmesan unterrühren.

5 Die Rigatoni auf vorgewärmte Pastateller verteilen und mit dem Olivenöl beträufeln.

Mein Gesundheitstipp

» Nach dem Sport sind Nudeln dank ihres hohen Gehalts an Stärke ideal, um die leeren Kohlenhydratspeicher rasch wieder aufzufüllen und so dem Körper neue Energie zur Verfügung zu stellen.
Oliven enthalten wertvolle einfach ungesättigte Fettsäuren und Polyphenole. Diese gehören zu den sekundären Pflanzenstoffen und wirken unter anderem entzündungshemmend. Also, öfter mal Oliven naschen! «

Grüne Bandnudeln
mit Kalbsleber und Birne

Zutaten für 4 Personen

300 g Kalbsleber
1 kleine reife, feste rotschalige Birne
400 g grüne Bandnudeln
Salz
3 Scheiben Ingwer
400 ml Gemüsebrühe
2 fein geriebene Knoblauchzehen
½–1 TL fein geriebener Ingwer
1–2 EL Dillspitzen (frisch geschnitten)
4 EL geriebener Parmesan
2 EL mildes Olivenöl
1 EL Öl
1 EL doppelgriffiges Mehl
mildes Chilisalz
1 TL Puderzucker
¼ aufgeschlitzte Vanilleschote
1–2 EL Butter
Pfeffer aus der Mühle

1 Die Leber häuten und putzen, zuerst in dünne Scheiben, dann in 1 bis 2 cm große Stücke schneiden. Die Birne waschen, vierteln und das Kerngehäuse entfernen. Die Birnenviertel in Würfel schneiden.

2 Die Bandnudeln in reichlich kochendem Salzwasser mit den Ingwerscheiben 2 bis 3 Minuten kürzer, als auf der Packung angegeben, garen. In ein Sieb abgießen, abtropfen lassen und den Ingwer entfernen.

3 Die Brühe mit Knoblauch und geriebenem Ingwer in einer großen tiefen Pfanne erhitzen. Die vorgegarten Nudeln dazugeben und etwa 2 Minuten garen, bis sie fast die gesamte Flüssigkeit aufgenommen haben. Die Pfanne vom Herd nehmen, Dill, Parmesan und Olivenöl untermischen.

4 Eine Pfanne bei milder Temperatur erhitzen und das Öl mit einem Pinsel auf dem Pfannenboden verstreichen. Die Leber mit dem Mehl bestäuben und in der Pfanne rundum 2 bis 2 ½ Minuten anbraten. Mit Chilisalz würzen, aus der Pfanne nehmen und auf Küchenpapier abtropfen lassen.

5 Die Pfanne mit Küchenpapier säubern, den Puderzucker hineinstäuben und hell karamellisieren. Die Birnenwürfel mit der Vanilleschote hinzufügen und rundum anbraten. Die Leberstücke wieder hinzufügen, kurz erwärmen und die Butter dazugeben.

6 Die Bandnudeln auf Pastateller verteilen, Pfeffer darübermahlen und das Kalbsleber-Birnen-Ragout darauf anrichten.

Mein Gesundheitstipp

❯❯ *Leber ist – in Maßen genossen – ein echtes Nährstoffkonzentrat. Mit einer Portion erhält man die geballte Ladung an Vitamin A, B-Vitaminen, Eisen, Zink und Selen.* ❮❮

Spirelli
mit grünem Spargel und Safran

Zutaten für 4 Personen

25 Safranfäden
2 Msp. gemahlene Kurkuma
350 g grüner Spargel
120 g Zuckerschoten
1 kleine rote Chilischote
500 g Spirelli
Salz
3 Scheiben Ingwer
450 ml Gemüsebrühe
1 EL Café de Paris-Gewürzmischung (ersatzweise mildes Currypulver)
2 fein geriebene Knoblauchzehen
1 TL fein geriebener Ingwer
1 Streifen unbehandelte Zitronenschale
2 EL Dillspitzen (frisch geschnitten)
5 EL geriebener Parmesan
mildes Chilisalz
Pfeffer aus der Mühle
2 EL mildes Olivenöl

1 Den Safran und die Kurkuma in 2 EL heißem Wasser einweichen.

2 Den Spargel waschen, im unteren Drittel schälen und die holzigen Enden entfernen. Die Spargelstangen sehr schräg in ½ bis 1 cm breite Scheiben schneiden. Die Zuckerschoten putzen, waschen und schräg in 1 cm breite Stücke schneiden. Die Chilischote längs halbieren, entkernen, waschen und in feine Würfel schneiden.

3 Die Spirelli in reichlich kochendem Salzwasser mit den Ingwerscheiben 3 Minuten kürzer, als auf der Packung angegeben, garen. In ein Sieb abgießen, abtropfen lassen und den Ingwer entfernen.

4 Die Brühe in einer großen tiefen Pfanne erhitzen. Spargelscheiben und Zuckerschoten dazugeben und am Siedepunkt etwa 5 Minuten fast weich ziehen lassen. Cafe de Paris-Gewürz hineinrühren, Knoblauch, geriebenen Ingwer, Chilischote und Zitronenschale dazugeben und die Gewürze 1 Minute ziehen lassen.

5 Die vorgegarten Nudeln dazugeben und etwa 2 Minuten garen, bis sie fast die gesamte Flüssigkeit aufgenommen haben. Den eingeweichten Safran und den Dill unterrühren, die Vanilleschote mit der Zitronenschale entfernen. Die Pfanne vom Herd nehmen und den Parmesan unter die Nudeln mischen. Mit Chilisalz und Pfeffer abschmecken.

6 Die Spirelli auf vorgewärmten Pastatellern anrichten, mit Olivenöl beträufeln und nach Belieben mit Parmesanspänen und Dillspitzen garnieren. Sie können das Gericht noch nach Belieben mit 150 g gekochtem Schinken (in Streifen) variieren.

Mein Gesundheitstipp

>> *Bereits in der Antike galt Spargel als Leckerbissen. Das kalorienarme Edelgemüse steckt voller Vitalstoffe, die Stoffwechsel und Immunabwehr auf Vordermann bringen, Nieren und Nerven stärken und das Herz entlasten. Daneben wirken die schlanken Stangen dank Kalium entwässernd und sind so für die leichte Fitnessküche ideal.* <<

Limetten-Linguine
mit Garnelen

Zutaten für 4 Personen

300 g Riesengarnelen (ohne Kopf, mit Schale)
½ Zucchino (150 g)
100 g Shiitake-Pilze
1 rote Chilischote
400 g Linguine
Salz
3 Scheiben Ingwer
300 ml Gemüsebrühe
1 Kaffir-Limettenblatt
1 EL gelbe Currypaste
1 fein geriebene Knoblauchzehe
½–1 TL fein geriebener Ingwer
200 ml Kokosmilch
abgeriebene Schale von 1 unbehandelten Limette
1 EL Koriandergrün (frisch geschnitten)

1 Die Garnelen schälen, am Rücken entlang einschneiden und den Darm entfernen. Garnelen waschen und trocken tupfen. Den Zucchino putzen, waschen und längs in feine Streifen schneiden. Die Shiitake-Pilze putzen, falls nötig, mit Küchenpapier trocken abreiben und in Scheiben schneiden. Die Chilischote längs halbieren, entkernen, waschen und in feine Streifen schneiden.

2 Die Linguine in reichlich kochendem Salzwasser mit den Ingwerscheiben 3 Minuten kürzer, als auf der Packung angegeben, garen. In ein Sieb abgießen, abtropfen lassen und den Ingwer entfernen.

3 Inzwischen die Brühe in einer großen tiefen Pfanne erhitzen. Das Kaffir-Limettenblatt mehrmals einreißen und dazugeben. Die Zucchinistreifen hinzufügen und knapp unter dem Siedepunkt etwa 3 Minuten fast weich garen. Die Shiitake-Pilze nach 2 Minuten Garzeit hinzufügen. Chilischote, Currypaste, Knoblauch und geriebenen Ingwer untermischen, die Kokosmilch dazugießen und erwärmen. Die Sauce mit Salz würzen.

4 Die vorgegarten Nudeln in die Kokossauce geben und darin etwa 2 Minuten garen, bis sie fast die gesamte Flüssigkeit aufgenommen haben. Die Garnelen untermischen und in der Sauce erhitzen, die Sauce aber nicht kochen lassen.

5 Die Pfanne vom Herd nehmen und die Garnelen noch 2 Minuten durchziehen lassen. Zuletzt die Limettenschale und den Koriander unter die Linguine mischen, das Kaffir-Limettenblatt entfernen und alles mit Salz abschmecken. Limetten-Linguine auf vorgewärmten Pastatellern anrichten.

Mein Gesundheitstipp

›› *Feines aus den Tiefen des Meeres: Mit den Garnelen kommt auch Selen auf unsere Teller. Das Spurenelement spielt eine wichtige Rolle bei der ›Entgiftung‹ des Körpers und ist am Schutz der Zellmembranen vor den schädlichen freien Radikalen beteiligt.* ‹‹

Spaghetti
mit FC Bayern-Bolognese

Zutaten für 4 Personen

Für die FC Bayern-Bolognese:
1 Zwiebel
1 Karotte
1 Stange Staudensellerie
½ TL Puderzucker
300 g Rinderhackfleisch
200 g Schweinehackfleisch
100 ml kräftiger Rotwein
3 EL Tomatenmark
750 g stückige Tomaten (aus der Dose)
¼ l Hühnerbrühe
1 Lorbeerblatt
je ¼ TL Oregano, Rosmarin, Thymian und Bohnenkraut (alles getrocknet)
2 fein geriebene Knoblauchzehen
½ TL fein geriebener Ingwer
½–1 TL abgeriebene unbehandelte Zitronenschale
Salz · Pfeffer aus der Mühle
Zucker
mildes Chilipulver

Für die Nudeln:
400 g Spaghetti
Salz
3 Scheiben Ingwer
300 ml Hühnerbrühe

Außerdem:
4 EL geriebener Parmesan

1 Für die FC Bayern-Bolognese die Zwiebel schälen, die Karotte putzen und schälen, den Sellerie putzen und waschen. Das Gemüse in sehr feine Würfel schneiden.

2 Den Puderzucker in einem Topf hell karamellisieren und die Gemüsewürfel darin bei milder Hitze einige Minuten andünsten. Beide Hackfleischsorten dazugeben und unter Rühren so lange braten, bis es zerkrümelt und seine rosa Farbe verloren hat. Mit dem Wein ablöschen, das Tomatenmark hineinrühren und die Flüssigkeit etwa 10 Minuten einköcheln lassen.

3 Die Dosentomaten mit der Brühe hinzufügen und ein Blatt Backpapier darauflegen. Die Sauce unter gelegentlichem Rühren etwa 1 Stunde mehr ziehen als köcheln lassen.

4 Nach 30 Minuten das Lorbeerblatt hineingeben. Zum Schluss Kräuter, Knoblauch, geriebenen Ingwer und Zitronenschale hineinrühren. Einige Minuten ziehen lassen und die Sauce mit Salz, Pfeffer sowie je 1 Prise Zucker und Chilipulver würzen.

5 Für die Nudeln die Spaghetti in reichlich kochendem Salzwasser mit den Ingwerscheiben 3 Minuten kürzer, als auf der Packung angegeben, garen. In ein Sieb abgießen, abtropfen lassen und den Ingwer entfernen.

6 Die Brühe in einer großen tiefen Pfanne erhitzen. Die vorgegarten Spaghetti dazugeben und etwa 2 Minuten garen, bis sie fast die gesamte Flüssigkeit aufgenommen haben.

7 Die Spaghetti in vorgewärmten Pastatellern anrichten und die Sauce bolognese darauf verteilen. Mit Parmesan bestreut servieren.

Mein Gesundheitstipp

›› *Schweinefleisch kann mit seinem hohen Gehalt an Vitamin B_1 (Thiamin) punkten. Unser Körper benötigt dieses wasserlösliche Vitamin, um die Kohlenhydrate aus der Nahrung verstoffwechseln und in Energie umwandeln zu können. Es wird auch als ›Gute-Laune-Vitamin‹ bezeichnet, da es außerdem eine tragende Rolle in der Beziehung zwischen körperlicher und geistiger Leistungsfähigkeit spielt.* ‹‹

Risoni-Risotto
mit gewürfeltem Lammrücken

Zutaten für 4 Personen

Für den Risotto:
125 ml Hühnerbrühe
150 ml Kokosmilch
2 TL mildes Currypulver
½ TL fein geriebener Knoblauch
½ TL fein geriebener Ingwer
1 EL kalte Butter
mildes Chilisalz
Zucker
400 g Risoni-Nudeln (reisförmige Nudeln)
Salz
3 Scheiben Ingwer
1 EL Koriandergrün (frisch geschnitten)

Für den Lammrücken:
300 g Lammlachs
1 TL Öl
80 ml Hühnerbrühe
1 Knoblauchzehe (in Scheiben)
3 Scheiben Ingwer
½ TL abgeriebene unbehandelte Zitronenschale
1 EL kalte Butter
mildes Chilisalz

1 Für den Risotto die Brühe mit Kokosmilch, Currypulver, Knoblauch und Ingwer in einem Topf erhitzen. Die kalte Butter dazugeben und alles mit dem Stabmixer durchrühren. Mit Chilisalz und 1 Prise Zucker abschmecken.

2 Die Risoni in reichlich kochendem Salzwasser mit den Ingwerscheiben 2 Minuten kürzer, als auf der Packung angegeben, garen. In ein Sieb abgießen, abtropfen lassen und den Ingwer entfernen.

3 Die Risoni in die Sauce geben, erhitzen und knapp unter dem Siedepunkt 1 bis 2 Minuten ziehen lassen. Zum Schluss das Koriandergrün unterrühren.

4 Für den Lammrücken das Fleisch in 1 ½ bis 2 cm große Würfel schneiden. Eine Pfanne bei mittlerer Temperatur erhitzen und das Öl mit einem Pinsel auf dem Pfannenboden verstreichen. Die Fleischwürfel darin rundum 2 bis 3 Minuten anbraten, aus der Pfanne nehmen.

5 Den Bratsatz mit der Brühe ablöschen, Knoblauch und Ingwer hinzufügen und die Flüssigkeit bis auf 2 EL einköcheln lassen. Das Fleisch wieder dazugeben, Zitronenschale und die kalte Butter unterrühren und alles mit Chilisalz würzen. Den Ingwer wieder entfernen.

6 Den Risoni-Risotto auf vorgewärmte Pastateller verteilen und die Lammrückenwürfel darauf anrichten.

Mein Gesundheitstipp

>> *Auch wenn Lammfleisch nicht jedermanns Sache ist, gesund ist es allemal! Lammfleisch ist reich an Vitamin A und B-Vitaminen, darunter vor allem Vitamin B_{12}, das neben Eisen und Folsäure essenziell für die Bildung der roten Blutkörperchen ist. Auch sein Eiweißgehalt kann sich sehen lassen: Mit 100 Gramm Lammfleisch decken Sie Ihren täglichen Bedarf an Proteinen zu 40 Prozent.* <<

Lamm-Cannelloni
mit Tomatensauce und Ras-el-Hanout

Zutaten für 4 Personen

Für die Cannelloni:
1 Scheibe Toastbrot (25 g)
2 EL Milch
½ kleine Zwiebel
100 g Lammhackfleisch (aus der Schulter)
100 g Rinderhackfleisch
1 Ei · 1 TL Dijon-Senf
je ½–1 TL abgeriebene unbehandelte Zitronen- und Orangenschale
mildes Chilisalz
Pfeffer aus der Mühle
1 TL Ras-el-Hanout
1 fein geriebene Knoblauchzehe
½ TL fein geriebener Ingwer
8 Cannelloni
Öl für den Dämpfeinsatz

Für die Tomatensauce:
350 g passierte Tomaten (aus der Dose)
100 ml Gemüsebrühe
1 fein geriebene Knoblauchzehe
1 Msp. fein geriebener Ingwer
getrockneter Oregano
4 EL Olivenöl
mildes Chilisalz
Pfeffer aus der Mühle · Zucker
frisch geriebene Zimtrinde

Außerdem:
1 EL geriebener Parmesan
1 EL Vital-Powermix (ersatzweise gehackte Walnüsse oder gehackte geröstete Mandeln)
1 EL Basilikumblätter (frisch geschnitten)

1 Für die Cannelloni das Toastbrot in Würfel schneiden und in einer Schüssel in der Milch einweichen. Die Zwiebel schälen, in feine Würfel schneiden und in einer Pfanne in 100 ml Wasser weich köcheln, bis die ganze Flüssigkeit verkocht ist.

2 Die Zwiebel mit dem eingeweichten Brot und beiden Hackfleischsorten in eine Schüssel geben. Das Ei mit dem Senf, der Zitronen- und Orangenschale, Chilisalz, Pfeffer, Ras-el-Hanout, Knoblauch und Ingwer verquirlen, zum Hackfleisch geben und alles zu einer homogen Masse verarbeiten.

3 Die Hackmasse in einen Spritzbeutel ohne Tülle geben und die Cannelloni damit füllen. In einen Dampftopf etwa 2 cm hoch Wasser einfüllen und den Dämpfeinsatz einfetten. Die Cannelloni hineingeben und mit geschlossenem Deckel etwa 20 Minuten dämpfen.

4 Inzwischen für die Tomatensauce die passierten Tomaten mit Brühe, Knoblauch, Ingwer und etwas Oregano in einem Topf erhitzen und knapp unter dem Siedepunkt 5 Minuten ziehen lassen. Das Olivenöl mit dem Stabmixer unterrühren. Die Tomatensauce mit Chilisalz, Pfeffer, 1 Prise Zucker und wenig Zimt würzen.

5 Den Parmesan mit dem Powermix mischen. Die Tomatensauce auf vorgewärmte Pastateller verteilen und die Lamm-Cannelloni daraufsetzen. Die Parmesan-Mischung und das Basilikum darüberstreuen.

Mein Gesundheitstipp

›› *Tomatensauce schmeckt nicht nur fein, sondern versorgt uns mit dem Radikalfänger Lycopin. Dieses Carotinoid, das in Tomaten steckt, wird durch das Kochen für den Körper besser verwertbar.* ‹‹

Lasagne
mit Wildragout

Zutaten für 6–8 Personen

Für das Wildragout:
1 Zwiebel · 1 Karotte
100 g Knollensellerie
½ TL Puderzucker
2 EL Tomatenmark
100 ml roter Portwein
150 ml kräftiger Rotwein
500 g Hackfleisch vom Reh (oder Hirsch; beim Metzger vorbestellen)
750 g stückige Tomaten (aus der Dose)
¼ l Hühnerbrühe
½–1 TL Wildgewürz
1 fein geriebene Knoblauchzehe
½ TL fein geriebener Ingwer
je ½ TL abgeriebene unbehandelte Zitronen- und Orangenschale
½ TL gehackte Zartbitterschokolade
Salz · Zucker
Chilipulver

Für die Béchamelsauce:
60 g Butter · 60 g Mehl
400 ml kalte Gemüsebrühe
400 ml kalte Milch
½ kleine Zwiebel
1 Lorbeerblatt
2 Gewürznelken
mildes Chilisalz
frisch geriebene Muskatnuss

Außerdem:
Butter für die Form
9 Lasagneblätter · 100 g Sahne
120 g geriebener gut schmelzender Käse (z. B. Emmentaler)

1 Für das Wildragout die Zwiebel schälen, Karotte und Sellerie putzen und schälen. Das Gemüse in sehr feine Würfel schneiden. Den Puderzucker in einem Topf hell karamellisieren. Das Tomatenmark hineinrühren und etwas anrösten, mit den Weinen ablöschen und sämig einköcheln lassen. Das Hackfleisch hinzufügen und so lange braten, bis es krümelig ist und seine rosa Farbe verloren hat.

2 Die Dosentomaten mit der Brühe und den Gemüsewürfeln zum Fleisch geben und alles mit einem Blatt Backpapier zudecken. Das Ganze unter gelegentlichem Rühren etwa 1 Stunde mehr ziehen als köcheln lassen. Zum Schluss das Wildgewürz hineinrühren, Knoblauch, Ingwer, Zitronen- und Orangenschale sowie Schokolade hinzufügen. Einige Minuten ziehen lassen und mit Salz, je 1 Prise Zucker und Chilipulver würzen.

3 Für die Béchamelsauce die Butter in einem Topf zerlassen. Das Mehl darin einige Minuten anschwitzen, dann die kalte Brühe und die kalte Milch unter Rühren hinzufügen. Die Zwiebel schälen und das Lorbeerblatt mit den Gewürznelken darauf feststecken. Die gespickte Zwiebel zur Brühe-Milch-Mischung geben, alles unter Rühren langsam zum Kochen bringen und 10 bis 15 Minuten leicht köcheln lassen. Die Zwiebel entfernen und die Béchamelsauce mit Chilisalz und Muskatnuss würzen.

4 Den Backofen auf 175 °C vorheizen. Eine Auflaufform einfetten. Ein Viertel der Béchamelsauce darin gleichmäßig verteilen und mit 3 Lasagneplatten belegen. Diese mit einem Drittel der restlichen Béchamelsauce bestreichen, die Hälfte des Wildragouts darauf verteilen und eine weitere Lage Lasagneplatten darauflegen. Die Lasagne auf diese Weise fertigstellen und mit Lasagneplatten abschließen. Die übrige Béchamelsauce mit Sahne und Käse verrühren und auf den Lasagneplatten verstreichen.

5 Die Lasagne im Ofen auf der mittleren Schiene etwa 50 Minuten backen. Herausnehmen und in Stücke geschnitten servieren.

Mein Gesundheitstipp

» Zugegeben, ein kalorisches Leichtgewicht ist Lasagne nicht. Doch gerade sportlich Aktive dürfen hier ohne schlechtes Gewissen zugreifen. Mit dem Käse zum Überbacken füllen sie ihr Eiweiß- und Kalziumdepot auf und halten damit Muskeln und Knochen fit. «

Fisch & Meeresfrüchte

Lachsfilet
mit Chili-Orangen-Butter und Gemüsesalat

Zutaten für 4 Personen

Für das Lachsfilet und die Chili-Orangen-Butter:
4 Lachsfilets (à 150 g)
1 kleine rote Chilischote
5 grüne Kardamomkapseln
40 g braune Butter (siehe S. 151)
1 Knoblauchzehe (in Scheiben)
3 Scheiben Ingwer
abgeriebene Schale von
1 unbehandelten Orange
Salz

Für den Gemüsesalat:
200 g Romanesco
Salz
2 kleine Karotten
1 Bund Frühlingszwiebeln
½ Zucchino
100 ml Gemüsebrühe
½ TL Aglio-e-olio-Gewürz
1 TL Dijon-Senf
1 EL Zitronensaft
1 EL mildes Olivenöl
Pfeffer aus der Mühle
Zucker
je 1–2 TL Petersilienblätter und
Dillspitzen (frisch geschnitten)

Außerdem:
Öl für das Blech

1 Für das Lachsfilet den Backofen auf 80 °C vorheizen. Ein Backblech mit Öl einfetten. Die Lachsfilets waschen und trocken tupfen, auf das Blech geben und mit Frischhaltefolie zudecken. Den Fisch im Ofen auf der mittleren Schiene etwa 20 Minuten saftig durchziehen lassen.

2 Inzwischen für die Chili-Orangen-Butter die Chili längs halbieren, entkernen, waschen und in feine Würfel schneiden. Die Kardamomkapseln andrücken. Die braune Butter in einer Pfanne erwärmen, Chili, Kardamom, Knoblauch, Ingwer und Orangenschale unterrühren. Die Butter mit Salz würzen.

3 Für den Gemüsesalat den Romanesco putzen, waschen und in Röschen teilen. Die Romanescoröschen in kochendem Salzwasser einige Minuten bissfest garen. In ein Sieb abgießen, kalt abschrecken und abtropfen lassen. Die Karotten putzen, schälen und schräg in ½ cm dicke Scheiben schneiden. Die Frühlingszwiebeln putzen, waschen und schräg in 3 bis 4 cm lange Stücke schneiden. Den Zucchino putzen, waschen, längs halbieren und schräg in ½ cm dicke Scheiben schneiden.

4 Die Brühe mit dem Aglio-e-olio-Gewürz in einem Topf erhitzen und die Karottenscheiben hineingeben. Ein Blatt Backpapier darauflegen und die Karotten knapp unter dem Siedepunkt bissfest garen. Die Frühlingszwiebeln dazugeben und 2 Minuten weitergaren. Dann den Zucchino hinzufügen und nochmals 1 bis 2 Minuten garen. Das Gemüse in ein Sieb abgießen, dabei den Sud auffangen.

5 Den Sud mit Senf, Zitronensaft, Olivenöl, Salz, Pfeffer und 1 Prise Zucker in einem hohen Rührbecher mit dem Stabmixer verrühren. Das Gemüse in der Marinade wenden, Petersilie und Dill untermischen und den Salat nochmals mit Salz und Pfeffer abschmecken.

6 Den Lachs aus dem Ofen nehmen, mit der Chili-Orangen-Butter beträufeln und mit dem Gemüsesalat auf vorgewärmten Tellern anrichten.

Mein Gesundheitstipp

» Zweimal pro Woche sollte man Fisch essen. Wenn Sie dabei zu Lachs greifen, machen Sie alles richtig: Neben wertvollen Omega-3-Fettsäuren liefert er unserem Körper das Antioxidans Selen sowie die gerade für Sportler so wichtigen Mineralstoffe Kalzium und Magnesium. «

Saiblingsfilet
auf lauwarmem Kohlrabi-Pfifferlings-Gemüse

Zutaten für 4 Personen

Für den Schnittlauchrahm:
75 g Crème fraîche
75 g griechischer Joghurt
1–2 EL Milch
½ TL Dijon-Senf
1 Spritzer Zitronensaft
Salz · Zucker
mildes Chilipulver
2 EL Schnittlauchröllchen (frisch geschnitten)

Für das Kohlrabi-Pfifferlings-Gemüse:
2 kleinere Kohlrabi
100 g kleine Pfifferlinge
2 Handvoll Babyspinat
80 ml Gemüsebrühe
½ TL Öl
Salz · Pfeffer aus der Mühle
1 EL kalte Butter
1 EL braune Butter (siehe S. 151)
mildes Chilisalz
frisch geriebene Muskatnuss
1 EL Petersilienblätter (frisch geschnitten)

Für das Saiblingsfilet:
4 Saiblingsfilets (à ca. 150 g)
1 EL mildes Olivenöl
mildes Chilisalz

1 Für den Schnittlauchrahm die Crème fraîche mit dem Joghurt, der Milch und dem Senf in einer Schüssel glatt rühren. Mit Zitronensaft, Salz sowie je 1 Prise Zucker und Chilipulver würzen, den Schnittlauch unterrühren.

2 Für das Kohlrabi-Pfifferlings-Gemüse die Kohlrabi putzen, schälen, vierteln und in 3 bis 4 mm dicke Scheiben oder in schmale Spalten schneiden. Die Pilze putzen und, falls nötig, mit Küchenpapier trocken abreiben. Den Spinat verlesen, waschen und trocken schleudern. Die Brühe in einem flachen Topf erhitzen. Die Kohlrabischeiben hinzufügen, ein Blatt Backpapier darauflegen und die Kohlrabi knapp unter dem Siedepunkt etwa 12 Minuten weich dünsten.

3 Eine Pfanne bei mittlerer Temperatur erhitzen und das Öl mit einem Pinsel auf dem Pfannenboden verstreichen. Die Pilze darin einige Minuten anbraten, mit Salz und Pfeffer würzen. Dann mit dem Spinat zu den Kohlrabi geben. Kalte Butter und braune Butter hinzufügen. Alles mit Chilisalz und Muskatnuss würzen und zuletzt die Petersilie untermischen.

4 Für das Saiblingsfilet den Backofen auf 80 °C vorheizen. Ein Backblech mit Backpapier belegen. Die Saiblingsfilets waschen, trocken tupfen und auf das Blech legen. Mit Frischhaltefolie zugedeckt im Ofen auf der mittleren Schiene je nach Dicke der Filets 10 bis 15 Minuten saftig durchziehen lassen. Herausnehmen, mit dem Olivenöl beträufeln und mit Chilisalz würzen.

5 Das Kohlrabi-Pfifferlings-Gemüse auf vorgewärmte Teller verteilen, den Saibling darauf anrichten und den Schnittlauchrahm darum herumträufeln.

Mein Gesundheitstipp

» Eine Liaison, die der Figur zugute kommt: Der Mix aus Kohlrabi und Pfifferlingen ist kalorienarm und zugleich eine Fundgrube an Vitalstoffen. Kohlrabi überzeugt neben seinem Ballaststoffanteil mit einem hohen Gehalt an Vitamin C und Folsäure, die beide den Zellstoffwechsel stimulieren. Pfifferlinge stecken voller B-Vitamine und Vitamin D: Eine ideale Kombination gegen Müdigkeit und Konzentrationsschwäche. «

FISCH & MEERESFRÜCHTE 143

Gebratener Zander
auf Linsen mit karamellisierter Birne

Zutaten für 4 Personen

Für die Linsen:
150 g Berglinsen (kleine grüne Linsen)
½ TL Puderzucker
½ Zwiebel (in feinen Würfeln)
je 30 g Karotte und Knollensellerie (in feinen Würfeln)
1 EL Tomatenmark
80 ml kräftiger Rotwein
½ l Hühnerbrühe
1 Lorbeerblatt
30 g Lauch (in feinen Würfeln)
je 1 Streifen unbehandelte Zitronen- und Orangenschale
1 Zimtsplitter
2 Scheiben Knoblauch
1 Scheibe Ingwer
1 EL kalte Butter
1 EL braune Butter (siehe S. 151)
Salz
getrockneter Majoran
mildes Chilipulver
½–1 EL Aceto balsamico

Für den Zander:
500 g Zanderfilet (mit Haut)
doppelgriffiges Mehl zum Bestäuben
1 EL Öl · 2 EL mildes Olivenöl
je ½ TL abgeriebene unbehandelte Zitronen- und Orangenschale
mildes Chilisalz

Für die Birnen:
1 TL Puderzucker
1 reife, feste rotschalige Birne (in Spalten) · 1 EL Butter

1 Für die Linsen die Berglinsen 2 Stunden in reichlich Wasser einweichen. In ein Sieb abgießen und abtropfen lassen.

2 Den Puderzucker in einem Topf bei mittlerer Hitze hell karamellisieren, die Zwiebel-, Karotten- und Selleriewürfel darin bei milder Hitze andünsten. Das Tomatenmark unterrühren und kurz anrösten. Die Linsen dazugeben, mit Wein ablöschen und etwas einköcheln lassen. Mit der Brühe aufgießen und das Gemüse bei milder Hitze etwa 45 Minuten mehr ziehen als köcheln lassen. Nach 15 Minuten das Lorbeerblatt hinzufügen.

3 Gegen Ende der Garzeit die Lauchwürfel mit der Zitronen- und Orangenschale, dem Zimt, dem Knoblauch und dem Ingwer dazugeben und einige Minuten darin ziehen lassen. Die Gewürze zum Schluss wieder entfernen. Die kalte und die braune Butter unter das Linsengemüse mischen und alles mit Salz, je 1 Prise Majoran und Chilipulver sowie Essig abschmecken.

4 Für den Zander das Zanderfilet waschen und trocken tupfen. In 8 Stücke schneiden und auf der Hautseite mit Mehl bestäuben. Das Öl in einer Pfanne erhitzen und die Fischfilets darin auf der Hautseite bei mittlerer Hitze 3 bis 4 Minuten kross anbraten. Die Fischfilets wenden, die Pfanne vom Herd nehmen und den Fisch in der Resthitze glasig durchziehen lassen. Die Fischfilets auf Küchenpapier abtropfen lassen. Die Pfanne mit Küchenpapier säubern und das Olivenöl darin leicht erwärmen. Zitronen- und Orangenschale hineinrühren und das Olivenöl mit Chilisalz würzen. Die Fischfilets darin wenden.

5 Für die Birnen den Puderzucker in einer Pfanne bei mittlerer Hitze hell karamellisieren. Die Birnenspalten darin auf beiden Seiten andünsten, die Butter hinzufügen und zerlassen.

6 Die Linsen auf vorgewärmte Teller verteilen, den Zander und die Birnenspalten darauf anrichten.

Mein Gesundheitstipp

» Zander zählt zu meinen Lieblingsfischen. Der heimische Süßwasserfisch ist zart im Geschmack und extrem fettarm, dabei aber eine gute Quelle für wertvolles tierisches Eiweiß, welches für sportlich Aktive von großer Bedeutung ist. «

Seeteufel
auf Vanillespinat

Zutaten für 4 Personen

Für den Seeteufel:
500 g Seeteufelfilet
1 EL Öl
1 EL Bratkartoffelgewürz
1 EL braune Butter (siehe S. 151; oder Olivenöl)
mildes Chilisalz

Für den Vanillespinat:
500 g Babyspinat
1 kleine rote Chilischote
2 Schalotten
125 ml Gemüsebrühe
1 Knoblauchzehe (in Scheiben)
2 Scheiben Ingwer
1 Streifen unbehandelte Zitronenschale
1 ausgekratzte Vanilleschote
Salz · Pfeffer aus der Mühle
frisch geriebene Muskatnuss
1 EL Butter
1 TL braune Butter

Außerdem:
doppelgriffiges Mehl zum Wenden

1 Für den Seeteufel das Fischfilet waschen und trocken tupfen. Das Filet in 2 cm dicke Medaillons schneiden und in Mehl wenden, überschüssiges Mehl abklopfen. Eine Pfanne bei mittlerer Temperatur erhitzen und das Öl mit einem Pinsel auf dem Pfannenboden verstreichen. Die Medaillons auf einer Seite etwa 2 Minuten anbraten. Wenden, 1 Minute weiterbraten und großzügig mit Bratkartoffelgewürz würzen.

2 Die braune Butter hinzufügen und die Medaillons darin wenden. Die Pfanne vom Herd nehmen und die Medaillons in der Resthitze noch etwa 1 Minute saftig durchziehen lassen. Mit Chilisalz würzen.

3 Für den Vanillespinat den Spinat verlesen, waschen und trocken schleudern. Die Chilischote längs halbieren, entkernen, waschen und in feine Streifen schneiden. Die Schalotten schälen und in Streifen schneiden.

4 In einer tiefen Pfanne 100 ml Brühe erhitzen. Die Schalotten darin weich dünsten, dabei die Flüssigkeit komplett einkochen lassen. Die restliche Brühe dazugießen und Knoblauch, Ingwer, Zitronenschale und Vanille hinzufügen. Den Spinat dazugeben und 1 bis 2 Minuten dünsten. Den Spinat mit Salz, Pfeffer und 1 Prise Muskatnuss würzen. Die Butter und die braune Butter dazugeben. Ingwer, Vanille und Zitronenschale wieder entfernen.

5 Den Vanillespinat auf vorgewärmte Teller verteilen und die Seeteufelmedaillons darauf anrichten.

Mein Gesundheitstipp

>> *Spinat zählt – wie andere grüne Blattgemüse auch – zu den Toplieferanten für Folsäure. Das Vitamin der B-Gruppe ist für uns unentbehrlich für Wachstumsprozesse, es ist an der Neubildung und Teilung der Zellen beteiligt, es stimuliert die Blutbildung und den Zellstoffwechsel.* **‹‹**

Juwelenreis mit Rotbarsch
und Limetten-Joghurt-Dip

Zutaten für 4 Personen

Für den Limetten-Joghurt-Dip:
200 g griechischer Joghurt
2 EL Milch
abgeriebene Schale von
1 unbehandelten Limette
1 Spritzer Limettensaft
mildes Chilisalz
Zucker

Für den Juwelenreis:
½ l Gemüsebrühe
ca. 10 Safranfäden
1 Karotte
½ rote Paprikaschote
200 g Basmatireis
30 g Korinthen
1 TL gemahlene Kurkuma
5 grüne Kardamomkapseln
3 Zimtsplitter
2 EL Mandelblättchen
2 EL Pistazienkerne
Kerne von ½ kleinen Granatapfel
1 EL Butter
mildes Chilisalz
Pfeffer aus der Mühle

Für den Rotbarsch:
400 g Rotbarschfilet
Salz
1–2 EL Olivenöl
mildes Chilisalz

1 Für den Limetten-Joghurt-Dip den Joghurt mit der Milch glatt rühren. Limettenschale und -saft unterrühren und den Dip mit Chilisalz und 1 Prise Zucker würzen.

2 Für den Juwelenreis 50 ml Brühe in einem kleinen Topf erhitzen, vom Herd nehmen und den Safran hineingeben. Die Karotte putzen, schälen und in ½ cm große Würfel schneiden. Die Paprikaschote entkernen, waschen und ebenfalls in ½ cm große Würfel schneiden.

3 Den Reis mit der restlichen Brühe, Korinthen, Karotte und Paprika in einen Topf geben. Kurkuma, Kardamom und Zimt unterrühren und alles mit einem Blatt Backpapier bedeckt knapp unter dem Siedepunkt etwa 10 Minuten ziehen lassen. Den Topf vom Herd nehmen und den Reis zugedeckt weitere 5 bis 8 Minuten quellen lassen.

4 Die Mandelblättchen in einer Pfanne ohne Fett goldbraun rösten. Mit den Pistazien, den Granatapfelkernen und der Safran-Brühe unter den Reis rühren. Kardamom und Zimt entfernen, die Butter hineinrühren und den Juwelenreis mit Chilisalz und Pfeffer würzen.

5 Für den Rotbarsch das Rotbarschfilet waschen, trocken tupfen und in 2 cm große Stücke schneiden. In einem Topf ausreichend Salzwasser aufkochen und vom Herd nehmen. Die Fischstücke in das heiße Wasser geben und 2 bis 3 Minuten glasig durchziehen lassen.

6 Den Juwelenreis auf vorgewärmte Teller verteilen. Die Fischstücke mit dem Schaumlöffel aus dem Wasser nehmen und auf den Reis legen. Mit dem Olivenöl beträufeln und mit Chilisalz würzen. Den Limetten-Joghurt-Dip darum herumziehen.

Mein Gesundheitstipp

›› *Pistazien sind in den Küchen des gesamten Mittelmeerraums verbreitet. Sie mindern, wenn sie zusammen mit kohlenhydrathaltigen Speisen verzehrt werden, den Anstieg des Blutzuckerspiegels und reduzieren Hormone, die das Hungergefühl fördern.* ‹‹

FISCH & MEERESFRÜCHTE

Heilbutt mit Tomaten-Minz-Salsa
auf Bohnen-Dill-Gemüse

Zutaten für 4 Personen

Für den Heilbutt:
4 Heilbuttfilets
(à 120 g)
mildes Chilisalz

Für die Tomaten-Minz-Salsa:
4 Tomaten
¼ rote Zwiebel
1 kleine rote Chilischote
je 1 TL Minze- und Petersilienblätter (frisch geschnitten)
½ TL abgeriebene unbehandelte Limettenschale
2 EL Olivenöl
1 Spritzer Limettensaft
Salz · Pfeffer aus der Mühle
Zucker

Für das Bohnen-Dill-Gemüse:
300 g breite Bohnen
Salz
1 Knoblauchzehe (in Scheiben)
2 Scheiben Ingwer
1 Streifen unbehandelte Zitronenschale
50 ml Gemüsebrühe
1 EL kalte Butter
1 TL Dillspitzen (frisch geschnitten)
mildes Chilisalz

Außerdem:
Butter für das Blech

1 Für den Heilbutt den Backofen auf 80 °C (oder den Dampfgarer auf 70 °C) vorheizen. Ein passendes Blech einfetten. Die Heilbuttfilets waschen, trocken tupfen und auf das Blech legen. Den Fisch im Ofen auf der mittleren Schiene je nach Dicke der Filets etwa 20 Minuten glasig durchziehen lassen (oder im Dampfgarer 6 bis 8 Minuten dämpfen). Herausnehmen und mit Chilisalz würzen.

2 Für die Tomaten-Minz-Salsa die Tomaten waschen, halbieren, entkernen und in Würfel schneiden, dabei die Stielansätze entfernen. Die Zwiebel schälen und in feine Würfel schneiden. Die Chilischote längs halbieren, entkernen, waschen und in feine Würfel schneiden.

3 Tomaten, Zwiebel und Chili in einer Schüssel mischen. Minze, Petersilie, Limettenschale und Olivenöl unterrühren. Die Salsa mit dem Limettensaft, Salz, Pfeffer und 1 Prise Zucker würzen.

4 Für das Bohnen-Dill-Gemüse die Bohnen putzen, waschen und schräg in etwa 1 ½ cm breite Stücke schneiden. In kochendem Salzwasser bissfest garen. In ein Sieb abgießen, kalt abschrecken und abtropfen lassen.

5 Die Bohnen mit Knoblauch, Ingwer, Zitronenschale und der Brühe in einem Topf erhitzen. Die kalte Butter unterrühren, den Dill hinzufügen und die Bohnen mit Chilisalz würzen.

6 Das Bohnen-Dill-Gemüse auf vorgewärmte Teller verteilen, die Heilbuttfilets daraufsetzen und die Tomaten-Minz-Salsa darum herumträufeln.

Mein Gesundheitstipp

>> *Heilbutt zählt zu den Edelfischen und ist eine echte Delikatesse. Neben gut verträglichem Eiweiß liefert er den Stoffwechselaktivator Jod sowie das Vitamin D, das lebenswichtig für Wachstum und Entwicklung sowie für die Erhaltung von Zähnen, Knochen, Sehnen und Bändern ist.* <<

Forellenfilet
auf Meerrettichwirsing

Zutaten für 4 Personen

Für den Meerrettichwirsing:
½ Wirsing
Salz
80–100 g Sahne
1 EL Sahnemeerrettich (aus dem Glas)
20 g kalte Butter
mildes Chilipulver
frisch geriebene Muskatnuss
1 TL Petersilienblätter (frisch geschnitten)

Für das Forellenfilet:
6 Forellenfilets (à 100 g; mit Haut)
1 EL Öl
30 g braune Butter (siehe S. 151)
½–1 TL FC Bayern-Fisch-Grillgewürz (ersatzweise ein anderes Fisch(-Grill)gewürz)
Salz

Außerdem:
doppelgriffiges Mehl zum Wenden

1 Für den Meerrettichwirsing den Wirsing putzen, in einzelne Blätter teilen und die Blätter halbieren, dabei die Blattrippen entfernen. Die Wirsingblätter waschen und in kochendem Salzwasser etwa 4 Minuten bissfest garen. In ein Sieb abgießen, kalt abschrecken und abtropfen lassen. Das überschüssige Wasser ausdrücken. Die Wirsingblätter in etwa 2 cm große Stücke schneiden.

2 Den Wirsing mit etwas Sahne in einer Pfanne erhitzen. Die restliche Sahne mit dem Meerrettich mischen und zum Wirsing geben. Die kalte Butter hinzufügen, zerlassen und alles mit Salz sowie je 1 Prise Chilipulver und Muskatnuss würzen. Die Petersilie hineinrühren.

3 Für das Forellenfilet die Filets waschen, trocken tupfen und halbieren. Mit der Hautseite in Mehl legen, überschüssiges Mehl abklopfen. Eine Pfanne bei mittlerer Temperatur erhitzen und das Öl mit einem Pinsel auf dem Pfannenboden verstreichen. Die Forellenfilets darin auf der Hautseite bei mittlerer Hitze 2 bis 3 Minuten hell anbraten. Wenden, die Pfanne vom Herd nehmen und den Fisch in der Resthitze der Pfanne saftig durchziehen lassen.

4 In einer zweiten Pfanne die braune Butter bei milder Temperatur erwärmen und das Fisch-Grillgewürz hineinstreuen. Die Forellenfilets darin wenden und mit Salz würzen.

5 Den Meerrettichwirsing auf vorgewärmten Tellern anrichten und die Forellenfilets darauflegen. Nach Belieben mit frisch gehobeltem Meerrettich garnieren.

Mein Gesundheitstipp

» Warum in die Ferne schweifen, wenn das Gute so nah liegt! Die heimische Forelle schmeckt fein und liefert uns hochwertiges Eiweiß, das alle essenziellen Aminosäuren enthält. Das wenige Fett schlägt kaum zu Buche, Vitamin B_{12} ist unabdingbar für die Zellteilung und reichlich enthaltenes Kalium wirkt entwässernd. «

Kabeljaufilet
mit Sauce Rouille und Fenchel-Tomaten-Gemüse

Zutaten für 4 Personen

Für die Sauce Rouille:
ca. 8 Safranfäden
1 Minikartoffel (25 g; gekocht und gepellt)
50 ml Milch
½–1 TL Dijon-Senf
½ Knoblauchzehe (in Scheiben)
100 ml Öl
1 EL Olivenöl
mildes Chilisalz

Für das Fenchel-Tomaten-Gemüse:
2 kleine Fenchelknollen (ca. 500 g; mit Grün)
150 g Cocktailtomaten
100 ml Gemüsebrühe
3 cm Vanilleschote
1 Knoblauchzehe (in Scheiben)
2 Scheiben Ingwer
1 EL kalte Butter
1 TL Pernod (franz. Anisée)
mildes Chilisalz
Pfeffer aus der Mühle

Für das Kabeljaufilet:
500 g Kabeljaufilet
1–2 TL flüssige braune Butter (siehe S. 151)
Chilisalz

1 Für die Sauce Rouille den Safran in 2 EL heißem Wasser 5 bis 10 Minuten einweichen. Die Kartoffel in kleine Würfel schneiden und mit Milch, Senf und Knoblauch in einen hohen Rührbecher geben. Den eingeweichten Safran hinzufügen und alles mit dem Stabmixer einmal kurz durchrühren. Das Öl und das Olivenöl unter ständigem Mixen langsam dazugeben, bis eine cremige Konsistenz entsteht. Die Sauce mit Chilisalz würzen.

2 Für das Fenchel-Tomaten-Gemüse den Fenchel putzen, in einzelne Blätter teilen und waschen. In 1½ bis 2 cm große Stücke schneiden, das Fenchelgrün beiseitelegen. Die Tomaten waschen und halbieren.

3 Den Fenchel und die Brühe mit Vanille, Knoblauch und Ingwer in einen Topf geben und ein Blatt Backpapier darauflegen. Den Fenchel knapp unter dem Siedepunkt etwa 8 Minuten gerade weich garen. Das Fenchelgrün klein schneiden, mit den Tomaten zum Fenchelgemüse geben und erhitzen. Die kalte Butter unterrühren, den Pernod hinzufügen und alles mit Chilisalz und Pfeffer würzen. Ingwer und Vanille wieder entfernen.

4 Für das Kabeljaufilet den Backofen auf 90 °C vorheizen. Das Kabeljaufilet waschen, trocken tupfen, in 4 Portionen teilen und auf ein mit Backpapier belegtes Backblech legen. Den Fisch mit Frischhaltefolie zugedeckt im Ofen auf der mittleren Schiene etwa 15 Minuten saftig durchziehen lassen. Den Kabeljau herausnehmen, mit der braunen Butter beträufeln und mit Chilisalz würzen.

5 Das Fenchel-Tomaten-Gemüse auf vorgewärmte Teller verteilen, den Kabeljau daraufsetzen und die Sauce Rouille darum herumträufeln.

Mein Gesundheitstipp

›› *In Kabeljau steckt reichlich Vitamin B_3 (Niacin). Es spielt beim Auf- und Abbau von Kohlenhydraten eine wichtige Rolle. Zusammen mit Vitamin B_2 (Riboflavin) und Pantothensäure ist es zudem am Eiweißstoffwechsel und an der Zellatmung beteiligt.* ‹‹

Seezunge
mit Kapern-Zitronen-Butter

Zutaten für 4 Personen

Für die braune Butter (ca. 200 g):
250 g Butter

Für die Seezunge:
4 Seezungen (à ca. 350 g)
2 EL Öl
1–2 EL kleine Kapern
1 EL Zitronensaft
1 TL abgeriebene unbehandelte Zitronenschale
mildes Chilisalz

1 Für die braune Butter die Butter in einen Topf geben. Die Butter zuerst bei milder Hitze langsam zerlassen, dann bei mittlerer Hitze etwa 10 Minuten köcheln lassen, bis sie goldbraun ist. Ein Sieb mit einem Küchenpapier auslegen. Die Butter in das Sieb gießen und in einer Schüssel auffangen. Die braune Butter etwas abkühlen lassen und in ein gut verschließbares Glas füllen. Im Kühlschrank hält sie sich so zwei bis drei Monate.

2 Für die Seezunge die Fische mit der Schwanzflosse 5 bis 10 Sekunden in kochend heißes Wasser tauchen, bis sich die Haut von der Gräte zu lösen beginnt. Die dicke Haut der Seezungen auf beiden Seiten abziehen, indem man die gelöste Haut an der Schwanzflosse mit einem Küchentuch aufnimmt und von der Schwanzflosse bis zum Kopf kräftig abzieht.

3 Den äußeren Flossenkranz samt dem Kopf mit einer Küchenschere entlang der Filets abschneiden und entfernen. Die Seezungen unter fließendem kaltem Wasser gründlich waschen, von Rückständen in der Bauchhöhle befreien und mit Küchenpapier trocken tupfen.

4 Den Backofen auf 100 °C vorheizen und ein Backblech auf die mittlere Schiene schieben. Eine große Pfanne bei mittlerer Temperatur erhitzen und 1 TL Öl mit einem Pinsel auf dem Pfannenboden verstreichen. Die Seezungen darin nacheinander auf beiden Seiten jeweils etwa 1 Minute anbraten, dabei nach und nach das restliche Öl dazugeben. Fische auf das Backblech legen und im Ofen 5 bis 8 Minuten fertig gar ziehen lassen.

5 100 g braune Butter erwärmen, Kapern, Zitronensaft und -schale hinzufügen. Die Seezungen mit Chilisalz würzen, auf vorgewärmten Tellern anrichten und mit der Kapern-Zitronen-Butter beträufeln. Dazu passen Kartoffeln, Salat oder buntes Gemüse.

Mein Gesundheitstipp

» *Ideal für alle sportlich Aktiven: Seezungen liefern das ›Verdauungsvitamin‹ B_6 (Pyridoxin), das als Coenzym ein Hauptakteur des Stoffwechsels ist. Es hilft bei der Versorgung der Leber und Muskeln mit Energie in Form von Glykogen, wirkt beim Auf- und Abbau der Aminosäuren mit sowie bei der Verwertung der ungesättigten Fettsäuren.* «

Dorade im Ganzen gebraten
mit Fenchel und grünem Spargel

Zutaten für 4 Personen

Für die Dorade:
1 große Dorade (800–1000 g)
je 1 Streifen unbehandelte Zitronen- und Orangenschale
½ Knoblauchzehe (in Scheiben)
2 Scheiben Ingwer
2 Zweige Thymian
1 EL Öl
4 EL mildes Olivenöl
1 TL Limettensaft
1 TL abgeriebene unbehandelte Limettenschale
1 EL Basilikumblätter (frisch geschnitten)
mildes Chilisalz

Für das Gemüse:
1 kleine Fenchelknolle (mit Grün)
je ½ gelbe und rote Spitzpaprikaschote
½ Bund grüner Spargel (250 g)
50 ml Gemüsebrühe
1 Knoblauchzehe (in Scheiben)
2 Scheiben Ingwer
1 Streifen unbehandelte Zitronenschale
1 EL kalte Butter
mildes Chilisalz
frisch geriebene Muskatnuss

Außerdem:
doppelgriffiges Mehl zum Wenden

1 Für die Dorade den Backofen auf 100 °C vorheizen. Die Dorade innen und außen waschen und trocken tupfen. Die Bauchhöhle mit Zitronen- und Orangenschale, Knoblauch, Ingwer und Thymian füllen.

2 Eine große Pfanne bei mittlerer Temperatur erhitzen und das Öl mit einem Pinsel auf dem Pfannenboden verstreichen. Die Dorade in Mehl wenden, überschüssiges Mehl abklopfen. Den Fisch im Öl auf beiden Seiten goldbraun anbraten, dann auf ein Blech legen und im Ofen auf der mittleren Schiene etwa 30 Minuten saftig durchziehen lassen.

3 Inzwischen Olivenöl, Limettensaft und -schale sowie Basilikum verrühren und mit Chilisalz würzen.

4 Für das Gemüse den Fenchel putzen, waschen, halbieren und in ½ cm dicke Scheiben schneiden, das Fenchelgrün beiseitelegen. Die Paprikaschoten entkernen und waschen. Erst längs in etwa 2 cm breite Streifen, dann schräg in 3 bis 4 cm lange Stücke schneiden. Den Spargel waschen und im unteren Drittel schälen, die holzigen Enden abschneiden. Den Spargel schräg in etwa 4 cm lange Stücke schneiden.

5 Das Gemüse mit der Brühe, Knoblauch und Ingwer in einen Topf geben und ein Blatt Backpapier darauflegen. Das Gemüse knapp unter dem Siedepunkt etwa 10 Minuten gerade weich garen. Falls nötig, zwischendurch etwas Brühe nachgießen. Fenchelgrün klein schneiden und mit der Zitronenschale hinzufügen, die kalte Butter unterrühren und alles mit Chilisalz und Muskatnuss würzen. Zitronenschale und Ingwer wieder entfernen.

6 Die Dorade aus dem Ofen nehmen, filetieren und die Filets auf vorgewärmte Teller verteilen. Mit Chilisalz würzen und mit dem Limettenöl beträufeln. Das Gemüse daneben anrichten.

Mein Gesundheitstipp

» *Braten Sie den Fisch nur in wenig Öl kurz an und lassen Sie ihn dann bei Niedrigtemperatur im Ofen fertig durchziehen. So flockt das wertvolle Fischeiweiß nicht aus. Erst zum Servieren kommt hochwertiges (Oliven-)Öl über den Fisch. So bleiben die ungesättigten Fettsäuren im Öl erhalten.* «

Ragout
von Edelfischen und Garnelen

Zutaten für 4 Personen

Für die Sauce:
1 EL Puderzucker
100 ml trockener Weißwein
¼ l Hühnerbrühe
(oder Gemüsebrühe)
100 g Sahne
2 TL Speisestärke
1 TL Dijon-Senf
1 EL kalte Butter
½–1 TL Estragonblätter
(frisch geschnitten)
Salz
mildes Chilipulver

Für das Ragout:
200 g Zanderfilet
200 g Lachsfilet
4 Riesengarnelen (ohne Kopf, mit Schale)
1 EL flüssige braune Butter
(siehe S. 151)
mildes Chilisalz

1 Für die Sauce den Puderzucker in einem Topf bei mittlerer Hitze goldbraun karamellisieren. Mit dem Wein ablöschen und auf ein Drittel einköcheln lassen. Die Brühe angießen und alles weitere 2 Minuten köcheln lassen. Die Sahne dazugeben und einmal aufkochen lassen.

2 Die Speisestärke mit 4 EL kaltem Wasser glatt rühren. Nach und nach in die köchelnde Sauce geben, bis diese leicht sämig bindet. Den Senf untermischen und die kalte Butter mit dem Stabmixer unterrühren. Den Estragon hinzufügen und die Sauce mit Salz und 1 Prise Chilipulver würzen.

3 Für das Ragout den Backofen auf 100 °C vorheizen. Das Zander- und Lachsfilet waschen, trocken tupfen und jeweils in 3 bis 4 cm große Stücke schneiden. Die Garnelen schälen, am Rücken entlang einschneiden und den Darm entfernen. Die Garnelen waschen, trocken tupfen und der Länge nach halbieren.

4 Ein Backblech mit Backpapier belegen. Zander- und Lachsstücke sowie Garnelen mit etwas Abstand zueinander darauflegen und mit Frischhaltefolie bedecken. Im Ofen auf der mittleren Schiene etwa 10 Minuten saftig durchziehen lassen. Herausnehmen, alles mit der braunen Butter bestreichen und mit Chilisalz würzen.

5 Die Sauce in vorgewärmte tiefe Teller verteilen, Fischstücke und Garnelen darauf anrichten. Dazu passen Kartoffeln und Gemüse.

Mein Gesundheitstipp

>> *Frankreich lässt grüßen: Estragon hat bei unseren Nachbarn bereits seit vielen Jahrhunderten einen festen Platz in der Küche. Ich verwende ihn gerne für Fischgerichte, Krustentiere und Saucen. Das Kraut mit den langen dünnen Blättern enthält reichlich sekundäre Pflanzenstoffe, die helfen, Magen und Darm gesund zu halten.* «

FISCH & MEERESFRÜCHTE 155

Gegrillter Pulpo
mit gebratenen Kartoffeln

Zutaten für 4 Personen

Für den Pulpo:
1 kleiner Pulpo (Oktopus; 800–1000 g)
Salz
1 Lorbeerblatt
5 Scheiben Ingwer
1 rote Chilischote
½ TL Öl
2 EL Olivenöl
3 Knoblauchzehen (in Scheiben)
1 EL Petersilienblätter (frisch geschnitten)

Für die Kartoffeln:
300 g kleine festkochende Kartoffeln
Salz
1 EL braune Butter (siehe S. 151)
1 TL Bratkartoffelgewürz

Für den Joghurtdip:
1 TL FC Bayern-Chili-Grillgewürz (ersatzweise Harissapulver)
1 EL Olivenöl
200 g griechischer Joghurt
1 Spritzer Zitronensaft
1 Msp. abgeriebene unbehandelte Zitronenschale
Salz · Zucker

1 Für den Pulpo die Fangarme und die »Tüte« des Pulpo vom Kopfteil abschneiden. Die Arme sollten noch gut zusammenhalten. Die Arme und die »Tüte« gründlich unter fließendem kaltem Wasser waschen und abtropfen lassen. Den Kopf entsorgen.

2 Reichlich Salzwasser in einem Topf zum Kochen bringen und den Pulpo mit dem Lorbeerblatt, 2 Ingwerscheiben und der Chilischote dazugeben. Einmal aufkochen lassen, dann den Pulpo 1 ¼ bis 1 ½ Stunden mehr ziehen als köcheln lassen, bis er weich ist. Den Pulpo mit dem Schaumlöffel aus dem Sud nehmen, etwas abkühlen lassen und schräg in 1 cm dicke Scheiben schneiden.

3 Für die Kartoffeln die Kartoffeln mit der Schale waschen und in Salzwasser weich garen. Die Kartoffeln abgießen und ausdampfen lassen, nach Belieben pellen.

4 Die Kartoffeln halbieren und mit der Schnittseite nach unten in einer Pfanne in der braunen Butter anbraten. Wenden und einige Minuten weiterbraten. Die Kartoffeln mit Bratkartoffelgewürz und Salz würzen.

5 Für den Joghurtdip das Chili-Grillgewürz mit dem Olivenöl verrühren und mit dem Schneebesen oder dem Stabmixer unter den Joghurt rühren. Mit Zitronensaft und -schale, Salz und 1 Prise Zucker würzen.

6 Für den Pulpo eine Pfanne bei mittlerer Temperatur erhitzen und das Öl mit dem Pinsel auf dem Pfannenboden verstreichen. Die Pulposcheiben darin einige Minuten anbraten. Die Pfanne vom Herd nehmen, Olivenöl, Knoblauchscheiben, den restlichen Ingwer und die Petersilie hinzufügen. Den Pulpo mit Salz würzen. Die Kartoffeln und den Pulpo mischen, falls nötig, nochmals abschmecken und auf vorgewärmten Tellern anrichten. Den Joghurtdip darum herumträufeln.

Mein Gesundheitstipp

» *Gesundheit aus den Tiefen des Meeres: Pulpo (Oktopus) liefert mit dem Trio Vitamin B_3, Vitamin B_6 und Selen wichtige Mikronährstoffe für den reibungslosen Ablauf des Stoffwechsels sowie für den Zellschutz.* «

Karibische Garnelen
mit Mango-Chutney

Zutaten für 4 Personen

Für das Mango-Chutney:
1 Schalotte
1 große vollreife Mango (ca. 500 g)
50 ml Gemüsebrühe
1 Msp. fein geriebene Knoblauchzehe
1 Msp. fein geriebener Ingwer (mit Schale)
1 kleine rote Chilischote
1 EL mildes Olivenöl
Salz · Zucker

Für die Garnelen:
20 Riesengarnelen (ohne Kopf, mit Schale)
½ TL Öl
1 TL karibisches Scampi- und Fischgewürz
mildes Chilisalz
3 EL mildes Olivenöl

1 Für das Mango-Chutney die Schalotte schälen und in feine Würfel schneiden. Die Mango schälen, das Fruchtfleisch auf den flachen Seiten erst vom Stein und dann in ½ cm große Würfel schneiden.

2 Die Brühe mit den Schalottenwürfeln in einem Topf aufkochen. Ein Viertel der Mangowürfel mit Knoblauch und Ingwer dazugeben und alles 2 bis 3 Minuten leicht köcheln lassen.

3 Die Chilischote längs halbieren, entkernen, waschen und quer in Streifen schneiden. Die restlichen Mangowürfel und die Chilistreifen mit dem Mango-Zwiebel-Mix in einer Schüssel mischen. Das Olivenöl unterrühren, das Chutney mit Salz und 1 Prise Zucker abschmecken und 10 Minuten ziehen lassen.

4 Für die Garnelen die Garnelen bis auf den Schwanzfächer schälen, am Rücken entlang einschneiden und den Darm entfernen. Die Garnelen waschen, trocken tupfen und bis zum Schwanzfächer längs halbieren.

5 Eine Pfanne bei mittlerer Temperatur erhitzen und das Öl mit einem Pinsel auf dem Pfannenboden verstreichen. Die Garnelen darin auf der einen Seite etwa 1 Minute sanft braten, bis sie beginnen, sich einzudrehen. Wenden, die Pfanne vom Herd nehmen und die Garnelen in der Resthitze 1 Minute saftig durchziehen lassen.

6 Das Scampi- und Fischgewürz mit Chilisalz und dem Olivenöl verrühren, unter die Garnelen mischen und diese auf vorgewärmte Teller verteilen. Das Mango-Chutney in kleine Schälchen füllen und dazu reichen. Die Garnelen nach Belieben mit gemischten Blattsalaten servieren.

Mein Gesundheitstipp

›› *Mein Scampi- und Fischgewürz enthält viel Kurkuma, die nicht nur wegen ihrer leuchtend gelben Farbe Bestandteil vieler Gewürzmischungen, wie zum Beispiel auch von Currypulver, ist. Das ätherische Öl der Kurkuma, das Curcumin, gilt als wirksamer Zellschutzstoff, kann die Blutfettwerte senken und stärkt das Herz-Kreislauf-System.* ‹‹

Geflügel & Fleisch

GEFLÜGEL & FLEISCH

Kräuterbrathendl
mit Brezensalat

Zutaten für 4 Personen

Für das Brathendl:
4 Stubenküken (à ca. 350 g; oder
1 großes Hähnchen)
1–2 Handvoll gemischte Kräuterblätter (z.B. Basilikum, Dill,
Petersilie, Salbei und Thymian;
gewaschen)
50 g flüssige braune Butter
(siehe S. 151)
Salz · Pfeffer aus der Mühle

Für den Brezensalat:
50 ml Gemüsebrühe
1–2 EL Weißweinessig
1 TL Dijon-Senf
2 EL mildes Olivenöl
mildes Chilisalz
Pfeffer aus der Mühle
Zucker
1 Laugenstange
150 g gemischte Salatblätter
(z.B. Romanasalat, Radicchio und
Rucola)
2 Handvoll gemischte Kräuterblätter (z.B. Basilikum, Dill, Kerbel
und Petersilie)
150 g Cocktailtomaten
8 Radieschen

1 Für das Brathendl den Backofen auf 160 °C vorheizen. Die Stubenküken innen und außen waschen und trocken tupfen. Die Brusthaut mithilfe eines Löffelstiels vom Kragen her lösen und etwas anheben. Die Kräuterblätter unter die Haut legen und die Keulen mit Küchengarn zusammenbinden. Die Stubenküken auf ein mit Backpapier belegtes Backblech legen, mit etwas brauner Butter bestreichen und im Ofen auf der mittleren Schiene 35 Minuten (das große Hähnchen 1 ¼ Stunden) braten.

2 Anschließend die Temperatur auf 200 °C erhöhen, die Stubenküken nochmals mit brauner Butter bestreichen und weitere 20 bis 25 Minuten knusprig braun braten (das große Hähnchen ebenfalls).

3 Für den Brezensalat die Brühe mit dem Essig, dem Senf und dem Olivenöl verrühren. Mit Chilisalz, Pfeffer und 1 Prise Zucker würzen.

4 Von der Laugenstange das Salz entfernen und die Stange schräg in dünne Scheiben schneiden. Eine große Pfanne bei mittlerer Temperatur erhitzen und die Brezenscheiben darin ohne Fett auf beiden Seiten goldbraun rösten.

5 Die Salatblätter putzen, waschen und trocken schleudern. Die Kräuterblätter waschen und trocken schütteln. Die Cocktailtomaten waschen und halbieren. Die Radieschen putzen, waschen und in Scheiben schneiden. Salatblätter, Kräuterblätter, Tomaten und Radieschen in einer Schüssel mit dem Dressing mischen und zuletzt die Brezenscheiben unterheben.

6 Von den Stubenküken die Brust und Keulen lösen. Das Fleisch mit Salz und Pfeffer würzen, auf vorgewärmte Teller verteilen und den Brezensalat daneben anrichten oder in Gläsern dazu servieren.

Mein Gesundheitstipp

» Mit Kräutern verleihen Sie vielen Gerichten den absoluten Frischekick. Die enthaltenen ätherischen Öle sorgen für das besondere Aroma, Vitamin C gibt's gratis dazu und das Beste daran: Bei so viel Geschmack können Sie sparsamer mit Salz umgehen und schonen damit Herz und Blutdruck. «

Entenbrust
mit Orangen-Ingwer-Glasur und Asiagemüse

Zutaten für 4 Personen

Für die Entenbrust und die Glasur:
2 Barbarie-Entenbrustfilets
(à 350–400 g; mit Haut)
½ TL Speisestärke
2 EL Ahornsirup
1 EL Sake (jap. Reiswein)
2 EL helle Sojasauce
1 Msp. fein geriebene
Knoblauchzehe
½ TL fein geriebener Ingwer
½ TL abgeriebene unbehandelte
Limettenschale
1 TL abgeriebene unbehandelte
Orangenschale
mildes Chilisalz

Für das Asiagemüse:
1 Karotte · 4 Frühlingszwiebeln
¼ Zucchino
1 Stange Staudensellerie (mit Grün)
50 g Zuckerschoten
½ rote Paprikaschote
50 g Bambussprossen
(aus dem Glas)
1 Handvoll Mungobohnensprossen
5 Stiele Koriander
1–2 TL Erdnussöl
150 ml Gemüsebrühe
1 Knoblauchzehe (in Scheiben)
1–2 TL Ingwer (in feinen Streifen)
1 EL helle Sojasauce
1 TL gelbe Currypaste
1 TL Speisestärke

1 Für die Entenbrust den Backofen auf 100 °C vorheizen. Ein Ofengitter auf die mittlere Schiene und darunter ein Abtropfblech schieben. Die Entenbrustfilets waschen, trocken tupfen und die Hautseite kreuzweise einritzen. Die Entenbrüste auf der Hautseite in eine warme Pfanne legen, die Hitze langsam erhöhen und die Entenbrüste bei mittlerer Hitze 6 bis 8 Minuten goldbraun anbraten. Wenden und die Fleischseite kurz anbraten. Die Brustfilets auf das Ofengitter legen und im Ofen auf der mittleren Schiene 50 bis 60 Minuten rosa durchziehen lassen.

2 Inzwischen für die Glasur die Speisestärke mit 1 EL kaltem Wasser glatt rühren. Ahornsirup, Sake, Sojasauce, Knoblauch und Ingwer aufkochen, die angerührte Speisestärke hineinrühren, kurz köcheln lassen und vom Herd nehmen. Die Limetten- und die Orangenschale unterrühren.

3 Für das Asiagemüse die Gemüsesorten putzen und schälen bzw. waschen und in mundgerechte Stücke schneiden. Bambussprossen abtropfen lassen und, falls nötig, in breite Streifen schneiden. Mungobohnensprossen abbrausen und abtropfen lassen. Den Koriander waschen, trocken schütteln und mit den Stielen klein scheiden.

4 Das Öl in einen Wok geben und die Karotte, das Weiße der Frühlingszwiebeln, Sellerie, Zuckerschoten und Paprika darin unter Rühren bei mittlerer Hitze 2 Minuten anbraten. Die Brühe angießen, Knoblauch und Ingwer dazugeben, Sojasauce und Currypaste unterrühren. Die Speisestärke mit 2 EL kaltem Wasser glatt rühren. Das Gemüse etwas an die Seite schieben, die Speisestärke in den Fond rühren und köcheln lassen, bis dieser leicht sämig bindet.

5 Das Pfannengemüse mit der Sauce mischen. Den Zucchino, das Grüne der Frühlingszwiebeln, Bambus- und Mungobohnensprossen hinzufügen und alles 1 bis 2 Minuten weitergaren. Den Koriander unterrühren und, falls nötig, etwas nachwürzen. Das Gemüse auf vorgewärmte Tellern verteilen. Die Entenbrüste aus dem Ofen nehmen, mit Chilisalz würzen und mit der Orangen-Ingwer-Glasur bepinseln. In Scheiben schneiden und neben dem Asiagemüse anrichten.

Mein Gesundheitstipp

>> *Voll gepackt mit Eiweiß, Ballaststoffen und Vitaminen sind knackige Sprossen eine kalorienarme ›Frischzellenkur‹.* <<

Zitronenbackhendl
mit Kartoffel-Gurken-Salat

Zutaten für 4 Personen

Für das Zitronenbackhendl:
150 g Naturjoghurt
abgeriebene Schale von
1 unbehandelten Zitrone
1 TL Dijon-Senf
4 Hähnchenbrustfilets (à 150 g)
50 g Cornflakes
80 g Weißbrotbrösel
mildes Chilisalz
Öl zum Braten

Für den Kartoffel-Gurken-Salat:
1 kg vorwiegend festkochende
Kartoffeln
Salz
1 kleine Zwiebel
1 Salatgurke
6 Radieschen
350 ml Hühnerbrühe
3 EL Rotweinessig
1–2 TL scharfer Senf
mildes Chilipulver
Zucker
30 g braune Butter (siehe S. 151)
2 EL Schnittlauchröllchen

1 Für das Zitronenbackhendl den Joghurt mit Zitronenschale und Senf glatt rühren. Die Hähnchenbrustfilets waschen, trocken tupfen, mit dem Joghurt bestreichen und mindestens 6 Stunden gekühlt marinieren.

2 Für den Kartoffel-Gurken-Salat die Kartoffeln waschen und in Salzwasser weich garen. Die Kartoffeln abgießen und kurz ausdampfen lassen. Möglichst heiß pellen, in dünne Scheiben schneiden und in eine Schüssel geben.

3 Die Zwiebel schälen, in feine Würfel schneiden und in einer Pfanne in etwa 100 ml Wasser (oder Brühe) einige Minuten weich köcheln, bis die Flüssigkeit verdampft ist. Die Gurke schälen und in Scheiben hobeln, die Radieschen putzen, waschen und ebenfalls in Scheiben hobeln.

4 Die Brühe erhitzen, mit Essig und Senf verrühren, mit Salz und je 1 Prise Chilipulver und Zucker würzen und 1 Handvoll Kartoffeln untermixen. Das Dressing nach und nach unter die Kartoffelscheiben mischen, bis die Flüssigkeit vollständig gebunden ist. Anschließend die braune Butter mit Zwiebel, Gurke, Radieschen und Schnittlauchröllchen untermischen.

5 Den Backofen auf 100 °C vorheizen. Die Cornflakes in einem Gefrierbeutel mit dem Nudelholz zu Bröseln zerkleinern. Die Weißbrotbrösel mit den Cornflakes mischen und auf einen flachen Teller geben. Die Joghurtmarinade auf den Hähnchenbrustfilets glatt streichen, mit Chilisalz würzen und die Filets in der Bröselmischung wenden.

6 Eine Pfanne bei mittlerer Temperatur erhitzen und so viel Öl hineingeben, bis der Pfannenboden gut bedeckt ist. Das Fleisch darin auf beiden Seiten goldbraun anbraten. Herausnehmen, auf ein Backblech legen und im Ofen auf der mittleren Schiene 20 Minuten, je nach Größe, saftig durchziehen lassen.

7 Den Kartoffel-Gurken-Salat auf vorgewärmte Teller verteilen. Die Backhendl in dicke Scheiben schneiden, mit Chilisalz etwas nachwürzen und neben dem Salat anrichten.

Mein Gesundheitstipp

» *Mageres Geflügelfleisch ist reich an Zink, das als Bestandteil von Enzymen diese aktiviert und somit den ganzen Stoffwechsel beflügelt.* «

Gegrillte Hendlkeulen
mit Rosmarinkartoffeln

Zutaten für 4 Personen
1 kg festkochende Kartoffeln
1 EL Rapsöl
Salz
4 Hähnchenkeulen (à ca. 200 g)
40 g flüssige braune Butter
(siehe S. 151)
3 Zweige Rosmarin
2 Knoblauchzehen (in Scheiben)
4 Scheiben Ingwer
½ Bund Frühlingszwiebeln
150 g kleine Cocktailtomaten
3 EL Gemüsebrühe
2 EL mildes Olivenöl
mildes Chilisalz

1 Den Backofen auf 200 °C vorheizen. Die Kartoffeln schälen, waschen und in ½ bis 1 cm dicke Scheiben schneiden. Die Kartoffelscheiben mit dem Rapsöl mischen, mit Salz würzen und auf einem Backblech verteilen.

2 Die Hähnchenkeulen waschen und trocken tupfen. Auf der Hautseite mit etwas brauner Butter bestreichen, die Hautseite mit Salz würzen und auf die Kartoffeln legen. Die Hähnchenkeulen mit den Kartoffeln im Ofen auf der mittleren Schiene 35 Minuten garen.

3 Den Rosmarin waschen und trocken schütteln. Die Backofentemperatur auf 220 °C erhöhen. Die Hähnchenkeulen mit der restlichen braunen Butter bestreichen. Knoblauch, Ingwer und Rosmarin vorsichtig unter die Kartoffeln mischen und alles weitere 10 Minuten braten. Am Ende der Garzeit die Keulen auf einen Teller legen und im ausgeschalteten Ofen warm halten. Die ganzen Gewürze aus den Kartoffeln entfernen.

4 Die Frühlingszwiebeln putzen, waschen und schräg in Ringe schneiden. Die Cocktailtomaten waschen und halbieren. Die Frühlingszwiebeln und die Cocktailtomaten in einer Pfanne kurz in der Brühe erwärmen, herausnehmen und unter die Kartoffeln mischen. Das Olivenöl ebenfalls untermischen und die Kartoffeln mit Chilisalz würzen.

5 Die Rosmarinkartoffeln auf vorgewärmte Teller verteilen und die gegrillten Hähnchenkeulen darauflegen.

Mein Gesundheitstipp

» *Rosmarin ist ein echtes Allroundtalent: Die Durchblutung fördern und den Kreislauf stabilisieren, die Nerven stärken und beruhigen – all das kann das würzige Kraut. Und dazu bereichert es zahlreiche herzhafte und auch süße Gerichte mit seinem unverwechselbaren Aroma.* «

/ GEFLÜGEL & FLEISCH

Reispfanne mit Putenstreifen
und Zaziki

Zutaten für 4 Personen

Für das Zaziki:
½ kleine Salatgurke
Salz
200 g griechischer Joghurt
1 EL mildes Olivenöl
2 fein geriebene Knoblauchzehen
1–2 TL Dillspitzen (frisch geschnitten)
mildes Chilisalz

Für den Reis und die Putenstreifen:
150 g Jasminreis (oder Basmatireis)
450 ml Hühnerbrühe
je ½ gelbe und rote Paprikaschote
500 g Putenbrustfilet
4 EL Erdnussöl (oder Rapsöl)
2 TL Ras-el-Hanout
½ TL Räucherpaprikapulver (Piment de la Vera picante)
Salz
2 Knoblauchzehen (in Scheiben)
5 Scheiben Ingwer
½ TL abgeriebene unbehandelte Zitronenschale
1 EL Petersilienblätter (frisch geschnitten)
mildes Chilisalz

1 Für das Zaziki die Gurke schälen, auf der Gemüsereibe grob raspeln, salzen und 5 bis 10 Minuten ziehen lassen. Auf ein Sieb geben und gut ausdrücken. Den Joghurt mit dem Olivenöl und dem Knoblauch in einer kleinen Schüssel glatt rühren. Die Gurkenraspel und den Dill unterrühren und das Zaziki mit Chilisalz würzen.

2 Für den Reis den Jasminreis auf einem Sieb unter fließendem kaltem Wasser waschen, bis dieses klar bleibt. Den Reis in einen Topf geben und mit 300 ml Brühe aufgießen. Ein Blatt Backpapier darauflegen und den Reis knapp unter dem Siedepunkt 12 Minuten ziehen lassen.

3 Für die Putenstreifen die Paprikaschoten entkernen, waschen und in Würfel schneiden. Das Putenbrustfilet waschen, trocken tupfen und in Streifen schneiden. Öl, Ras-el-Hanout und Räucherpaprikapulver verrühren und das Fleisch damit mischen. Eine große Pfanne bei mittlerer Temperatur erhitzen und das Fleisch darin portionsweise 1 bis 2 Minuten anbraten und leicht salzen.

4 Das Fleisch aus der Pfanne nehmen und diese mit Küchenpapier säubern. Die restliche Brühe mit den Paprikawürfeln, Knoblauch und Ingwer in der Pfanne knapp unter dem Siedepunkt 3 bis 4 Minuten ziehen lassen. Das angebratene Fleisch und den Reis unterziehen und erwärmen. Zitronenschale und Petersilie untermischen und die Reispfanne mit Chilisalz abschmecken.

5 Die Reispfanne auf Teller verteilen und das Zaziki separat dazu reichen.

Mein Gesundheitstipp

» Dill und Gurken – das sind zwei, die einfach zusammengehören, besonders in Salaten oder Einmachgläsern. Seine feinen ätherischen Öle und die enthaltenen Carotinoide machen das aus dem östlichen Mittelmeerraum stammende Kraut ausgesprochen schmackhaft und als Schutzschild gegen freie Radikale doppelt interessant. «

Gebratenes Kalbskotelett
mit Gewürzbutter und Spargel-Pilz-Gemüse

Zutaten für 4 Personen

Für die Kalbskoteletts:
1–2 TL Öl
4 Kalbskoteletts (à 320–350 g; küchenfertig)
Fleur de Sel · Pfeffer aus der Mühle

Für die Gewürzbutter:
100 g weiche Butter
1 EL FC Bayern-Steak- und Grillgewürz (ersatzweise ein anderes Steak- und Grillgewürz)
1 EL gemischte Kräuterblätter (z.B. Basilikum, Dill Kerbel, Minze, Petersilie und Schnittlauch; frisch geschnitten)
mildes Chilisalz

Für das Spargel-Pilz-Gemüse:
300 g grüner Spargel
50 ml Gemüsebrühe
1 Knoblauchzehe (in Scheiben)
2 Scheiben Ingwer
3 cm Vanilleschote
1 Streifen unbehandelte Zitronenschale
mildes Chilisalz
300 g kleine feste Steinpilze
½–1 TL Öl
Salz · Pfeffer aus der Mühle
1 EL kalte Butter

1 Für die Kalbskoteletts den Backofen auf 100 °C vorheizen. Ein Ofengitter auf die mittlere Schiene und darunter ein Abtropfblech schieben.

2 Das Öl in einer heißen Pfanne mit einem Pinsel verstreichen und die Koteletts darin bei milder Hitze auf beiden Seiten anbraten. Das Fleisch aus der Pfanne nehmen und auf dem Gitter im Ofen etwa 1 Stunde rosa garen. Dann das Fleisch mit Fleur de Sel und grob gemahlenem Pfeffer würzen.

3 Inzwischen für die Gewürzbutter die Butter mit dem Schneebesen cremig schlagen. Das Steak- und Grillgewürz und die Kräuter unterrühren. Zuletzt die Butter mit Chilisalz würzen. Die Gewürzbutter in Backpapier zu einer Rolle formen und kühl stellen.

4 Für das Spargel-Pilz-Gemüse den Spargel waschen und im unteren Drittel schälen, die holzigen Enden abschneiden. Den Spargel schräg in 4 bis 5 cm lange Stücke schneiden. Die Brühe in einem Topf erhitzen, den Spargel hineingeben und ein Blatt Backpapier darauflegen. Den Spargel etwa 8 Minuten fast weich garen. Knoblauch, Ingwer, Vanille und Zitronenschale hinzufügen und einige Minuten ziehen lassen. Die Gewürze wieder entfernen und den Spargel mit Chilisalz würzen.

5 Die Steinpilze putzen, falls nötig, mit Küchenpapier trocken abreiben und in etwa ½ cm dicke Scheiben schneiden. Eine Pfanne bei mittlerer Temperatur erhitzen und das Öl mit einem Pinsel auf dem Pfannenboden verstreichen. Die Pilze darin auf beiden Seiten anbraten. Die Pfanne vom Herd nehmen und die Pilze mit Salz und Pfeffer würzen. Unter den Spargel mischen und die Butter unterrühren.

6 Die gebratenen Kalbskoteletts auf vorgewärmte Teller geben, die Gewürzbutter in Scheiben schneiden und auf das Fleisch legen. Das Spargel-Pilz-Gemüse dazu anrichten.

Mein Gesundheitstipp

›› *Mit einer ordentlichen Portion Cobalamin (Vitamin B$_{12}$) aus dem Kalbfleisch schlagen Sie gleich mehrere Fliegen mit einer Klappe: Das Vitamin hilft dem Körper beim Entgiften, schützt Herz und Blutgefäße, hält die Gehirnzellen fit und lässt Stimmungstiefs null Chance.* ‹‹

Filetsteak mit Rosmarinsauce
und Gartengemüse

Zutaten für 4 Personen

Für das Gartengemüse:
150 g breite grüne Bohnen · Salz
150 g Cocktailtomaten
1 Bund Frühlingszwiebeln
2 große Karotten · 1 Kohlrabi
100 ml Hühnerbrühe
1 Knoblauchzehe (in Scheiben)
2 Scheiben Ingwer
1 Streifen unbehandelte Zitronenschale
3 cm Vanilleschote
mildes Chilisalz
getrocknetes Bohnenkraut
1 EL braune Butter (siehe S. 151)

Für das Filetsteak und die Sauce:
1 TL Öl
8 Rinderfiletsteaks
(à ca. 1 ½ cm dick)
1 TL Tomatenmark
3 EL roter Portwein · 70 ml Rotwein
400 ml Rinderfond (oder Kalbsfond)
1 TL Speisestärke
1 Zweig Rosmarin
1 Knoblauchzehe (in Scheiben)
2 Scheiben Ingwer
1 Streifen unbehandelte Zitronenschale · 20 g kalte Butter
Salz · Pfeffer aus der Mühle

1 Für das Gartengemüse die Bohnen putzen, waschen und schräg in 3 cm lange Stücke schneiden. In kochendem Salzwasser etwa 6 Minuten weich garen, in ein Sieb abgießen und kalt abschrecken. Die Cocktailtomaten waschen. Die Frühlingszwiebeln putzen, dabei das Grün weitgehend entfernen, waschen und in 4 cm lange Stücke schneiden. Die Karotten und den Kohlrabi putzen und schälen. Die Karotten in Scheiben, den Kohlrabi in dünne Spalten schneiden.

2 Die Karotten und den Kohlrabi in der Brühe mit Knoblauch, Ingwer, Zitronenschale und Vanilleschote weich dünsten. Die Cocktailtomaten und die Frühlingszwiebeln dazugeben und kurz mitdünsten. Zum Schluss die Bohnen dazugeben und das Gemüse mit Chilisalz, 1 Prise Bohnenkraut und der braunen Butter würzen.

3 Für das Filetsteak eine große Pfanne bei mittlerer Temperatur erhitzen und das Öl mit einem Pinsel auf dem Pfannenboden verstreichen. Die Steaks darin 2 bis 3 Minuten anbraten, bis an der Oberseite Fleischsaftperlen austreten. Das Fleisch wenden und weiterbraten, bis sich erneut Fleischsaftperlen bilden. Die Filetsteaks auf einen vorgewärmten Teller legen und zugedeckt warm halten.

4 Für die Sauce das Tomatenmark im Bratsatz in der Pfanne kurz anrösten, dann mit dem Portwein und dem Rotwein ablöschen und einköcheln lassen. Den Fond angießen und auf zwei Drittel einköcheln lassen. Die Speisestärke mit 2 EL kaltem Wasser glatt rühren und nach und nach in den köchelnden Fond geben, bis dieser leicht sämig bindet. Den Rosmarin waschen und trocken tupfen. Mit Knoblauch, Ingwer und Zitronenschale einige Minuten in der Sauce ziehen lassen und wieder entfernen. Zum Schluss die kalte Butter unterrühren. Sauce mit Salz und Pfeffer würzen.

5 Die Steaks in der Rosmarinsauce wenden und kurz erwärmen, bei Bedarf etwas nachwürzen und mit dem Gartengemüse auf vorgewärmten Tellern anrichten. Die restliche Sauce dazu reichen.

Mein Gesundheitstipp

» Ingwer ist ein scharfes Multitalent, das schmerzstillend, entzündungshemmend und antibakteriell wirkt. Er macht das Blut flüssig und beugt hohem Blutzuckerspiegel vor. Im Duo mit Knoblauch verwendet, lässt sich die antioxidative Wirkung beider Gewürze um 50 Prozent steigern! «

GEFLÜGEL & FLEISCH

Kalbsschnitzel mit Erdnusssauce
und Kartoffel-Birnen-Püree

Zutaten für 4 Personen

Für das Kartoffel-Birnen-Püree:
800 mehligkochende Kartoffeln
Salz
200 ml Milch
20 g kalte Butter
1 EL braune Butter (siehe S. 151)
frisch geriebene Muskatnuss
1 reife, feste Birne

Für die Kalbsschnitzel:
8 kleine Kalbsschnitzel (à ca. 80 g)
1 TL Öl
Salz · Pfeffer aus der Mühle

Für die Erdnusssauce:
400 ml Hühnerbrühe
1 TL Speisestärke
100 g Erdnussmus (geröstet)
3 EL helle Sojasauce
1 TL Sesamöl
1 Msp. fein geriebener Knoblauch
1 TL fein geriebener Ingwer
½ TL abgeriebene unbehandelte Zitronenschale
milde Chiliflocken

Außerdem:
Öl für die Folie
1 EL Kerbelblätter
(frisch geschnitten)

1 Für das Kartoffel-Birnen-Püree die Kartoffeln waschen und in reichlich Salzwasser weich garen.

2 Für die Kalbsschnitzel das Fleisch zwischen 2 Lagen geölter Frischhaltefolie etwas flacher klopfen. Eine große Pfanne bei mittlerer Temperatur erhitzen und das Öl mit einem Pinsel auf dem Pfannenboden verstreichen. Die Schnitzel darin bei milder Hitze auf beiden Seiten kurz anbraten. Das Fleisch aus der Pfanne nehmen und mit Salz und Pfeffer würzen.

3 Für die Erdnusssauce die Brühe in einer großen tiefen Pfanne erhitzen. Die Speisestärke mit 2 EL kaltem Wasser glatt rühren und in die leicht köchelnde Brühe geben. Die Pfanne vom Herd nehmen und das Erdnussmus hineinrühren. Sojasauce und Sesamöl mit Knoblauch, Ingwer, Zitronenschale und 1 Prise Chiliflocken dazugeben, 1 bis 2 Minuten ziehen lassen und bei Bedarf nachwürzen. Die Schnitzel in die Sauce legen und darin erwärmen, dabei nicht mehr kochen lassen.

4 Die Kartoffeln abgießen, ausdampfen lassen, möglichst heiß pellen und durch die Kartoffelpresse drücken. Die Milch erhitzen und mit einem Kochlöffel unter die durchgepressten Kartoffeln rühren, die kalte Butter und die braune Butter untermischen. Das Püree mit Salz und Muskatnuss würzen. Die Birne vierteln, schälen und das Kerngehäuse entfernen. Die Birnenviertel in kleine Würfel schneiden und unter das fertige Püree heben.

5 Die Kalbsschnitzel mit der Erdnusssauce auf vorgewärmte Teller verteilen und mit dem Kerbel bestreuen. Das Kartoffel-Birnen-Püree daneben anrichten.

Mein Gesundheitstipp

» *Die Nuss mit Powerplus: Erdnüsse können Sie roh, geröstet oder gegart verzehren. Geröstete Nüsse bestehen zu etwa 24 Prozent aus Eiweiß und haben auch eine nennenswerte Portion Magnesium. Das macht sie zum Spitzenreiter unter den Nüssen und somit zu einem idealen Snack, um nach anstrengendem Training die Energiespeicher wieder aufzufüllen.* «

Roastbeef mit Bratkartoffeln
und Buttermilchremoulade

Zutaten für 4 Personen

Für die Bratkartoffeln:
800 g festkochende Kartoffeln
Salz · 1 EL Öl
1 Zwiebel (in Streifen)
1 EL Bratkartoffelgewürz
1 EL Butter
1 TL Petersilienblätter (frisch geschnitten)

Für das Roastbeef:
1 TL Öl
1 kg Rinderrücken (küchenfertig)
mildes Chilisalz

Für die Buttermilchremoulade:
50 g Schmand · 2 EL Buttermilch
½ TL scharfer Senf
1 EL Schnittlauch (in Röllchen)
½ Essiggurke (in Würfeln)
½ hart gekochtes Ei (in Würfeln)
½ TL Kapern (grob gehackt)
Zitronensaft
1 Msp. abgeriebene unbehandelte Zitronenschale
Zucker
Salz · mildes Chilisalz

Für den Brokkoli:
200 g Brokkoli · Salz
50 ml Gemüsebrühe
1 EL Butter
mildes Chilisalz
2 EL Walnusskerne

Für die Kardamombutter:
40 g braune Butter (siehe S. 151)
1 TL grüne Kardamomkapseln
1 Knoblauchzehe (in Scheiben)
½ ausgekratzte Vanilleschote
4 kleine rote Chilischoten · Salz

1 Für die Bratkartoffeln die Kartoffeln mit der Schale gründlich waschen und in Salzwasser weich garen. Die Kartoffeln abgießen, ausdampfen lassen und möglichst heiß pellen. Die Kartoffeln mehrere Stunden abkühlen lassen, dann in ½ cm dicke Scheiben schneiden.

2 Für das Roastbeef den Backofen auf 100 °C vorheizen. Ein Ofengitter auf die mittlere Schiene und darunter ein Abtropfblech schieben. Das Öl in einer Pfanne erhitzen und das Roastbeef darin bei mittlerer Hitze rundum anbraten. Herausnehmen und auf dem Gitter im Ofen 1 ½ bis 2 Stunden rosa garen.

3 Für die Bratkartoffeln das Öl in einer Pfanne erhitzen und die Kartoffeln bei milder Hitze auf einer Seite goldbraun anbraten. Die Kartoffelscheiben wenden, die Zwiebelstreifen dazugeben und kurz mitbraten. Alles mit Bratkartoffelgewürz würzen, die Butter und die Petersilie unterrühren.

4 Für die Buttermilchremoulade den Schmand mit Buttermilch und Senf mischen. Schnittlauch, Essiggurke, Ei und Kapern dazugeben. Mit einigen Tropfen Zitronensaft, Zitronenschale, 1 Prise Zucker, Salz und Chilisalz würzen.

5 Für den Brokkoli den Brokkoli putzen, waschen und in Röschen teilen. Die Brokkoliröschen in Salzwasser fast weich garen, in ein Sieb abgießen, kalt abschrecken und abtropfen lassen. Die Brühe in einer Pfanne erhitzen, den Brokkoli hineingeben, die Butter dazugeben und den Brokkoli mit Chilisalz würzen. Die Walnusskerne grob hacken und über den Brokkoli streuen.

6 Für die Kardamombutter die Butter in einer Pfanne bei milder Hitze zerlassen und Kardamom, Knoblauch, Vanilleschote und Chilischoten darin kurz erhitzen. Die Kardamombutter mit Salz würzen und das gebratene Roastbeef darin wenden.

7 Roastbeef in dünne Scheiben schneiden, auf Teller verteilen und mit Chilisalz würzen. Bratkartoffeln, Brokkoli und Buttermilchremoulade dazu reichen.

Mein Gesundheitstipp

>> Kardamom galt schon in der Antike als Tonikum, das Körper und Geist stärkt. Heute ist seine Wirkung aktueller denn je, denn er ersetzt quasi einen Energydrink, indem er den Gehirnstoffwechsel anregt und ähnlich konzentrationsfördernd wie Koffein wirkt. <<

Rinderrouladen
à la Schuhbeck

Zutaten für 4 Personen

Für die Rouladen:
½ kleine Zwiebel
je ½ orangefarbene und gelbe Karotte
(oder 1 orangefarbene Karotte)
50 g Knollensellerie
100 g Essiggurken
100 g durchwachsener Räucherspeck · 1 EL Öl
1 EL getr. Trompetenpilze
2 eingelegte Sardellenfilets
1–2 TL scharfer Senf
150 g Kalbsbrät · 2 EL Sahne
1 Msp. abgeriebene unbehandelte Zitronenschale
1 EL Petersilienblätter (frisch geschnitten)
mildes Chilipulver · Salz
4 Rindsrouladen (à ca. 160 g; aus der Keule)
Öl für die Folie

Für die Sauce:
1 Zwiebel
120 g Knollensellerie
1 Karotte
1 TL Öl
½ l Hühnerbrühe
1 TL Puderzucker
1 EL Tomatenmark
150 ml kräftiger Rotwein
1 kleines Lorbeerblatt
½ Knoblauchzehe
1 Streifen unbehandelte Zitronen- oder Orangenschale
10–20 g kalte Butter
Salz · Pfeffer aus der Mühle

1 Für die Rouladen Zwiebel, Karotten und Sellerie schälen und in kleine Würfel schneiden. Essiggurken und Räucherspeck ebenfalls in kleine Würfel schneiden. Das Öl in einer Pfanne erhitzen und die Speckwürfel darin bei mittlerer Hitze anbraten. Die Zwiebel hinzufügen, kurz mitdünsten, vom Herd nehmen, in ein Sieb abgießen und abkühlen lassen.

2 Die Pilze in 150 ml Wasser 5 Minuten kochen, in ein Sieb abgießen, abkühlen lassen und klein schneiden. Die Sardellen fein hacken. Sardellen, Senf, Speck, Zwiebel, Gemüsewürfel, Pilze und Gurkenwürfel unter das Kalbsbrät mischen und die Sahne unterrühren. Mit Zitronenschale, Petersilie, 1 Prise Chilipulver und etwas Salz würzen. Das Rindfleisch zwischen zwei Lagen geölter Frischhaltefolie leicht klopfen. Das Brät daraufstreichen, dabei die Ränder frei lassen. Das Fleisch von der schmalen Seite her aufrollen und mit Rouladennadeln oder Holzspießchen feststecken.

3 Für die Sauce Zwiebel, Sellerie und Karotte putzen, schälen und in ½ cm große Würfel schneiden. Das Öl in einer Pfanne erhitzen, Rouladen darin bei milder Hitze rundum anbraten und wieder herausnehmen. Den Bratsatz mit 150 ml Brühe ablöschen.

4 Den Puderzucker in einem Schmortopf hell karamellisieren, das Gemüse dazugeben und etwas andünsten. Tomatenmark unterrühren, etwas anrösten, bis es am Topfboden hellbraun anlegt, dann restliche Brühe und Bratsatz angießen. Den Wein separat auf etwa ein Drittel einköcheln lassen und zum Saucenansatz geben. Die Rouladen in die Sauce legen und mit einem Blatt Backpapier zugedeckt 2 bis 2 ½ Stunden weich schmoren. Etwa 20 Minuten vor Ende der Garzeit das Lorbeerblatt hinzufügen. Zuletzt Knoblauch und Zitronen- oder Orangenschale einige Minuten in der Sauce ziehen lassen, wieder entfernen. Rouladen herausnehmen, die Nadeln entfernen.

5 Die Sauce durch ein Sieb gießen, das Gemüse etwas durchdrücken und Sauce ggf. mit 1 TL Speisestärke binden. Kalte Butter unterrühren, Sauce mit Salz und Pfeffer abschmecken. Rouladen nochmals darin erwärmen.

Mein Gesundheitstipp

» Nicht nur Schokolade, auch Rindfleisch macht glücklich, denn es enthält Vitamin B_6, das an der Bildung des Wohlfühlhormons Serotonin beteiligt ist und somit schlechte Laune erst gar nicht aufkommen lässt. «

Geschmorte Kalbsbackerl
in würziger Sauce

Zutaten für 4 Personen
2 Zwiebeln
1 Karotte
120 g Knollensellerie
1 TL Öl
4 Kalbsbackerl
(à 250 g; küchenfertig)
1 TL Puderzucker
1 EL Tomatenmark
800 ml Hühnerbrühe
300 ml kräftiger Rotwein
1 TL Speisestärke
1 Zweig Thymian
1 Streifen unbehandelte Zitronenschale
1 Knoblauchzehe (in Scheiben)
2 Scheiben Ingwer
Salz
Pfeffer und Koriander aus der Mühle

1 Die Zwiebeln schälen, die Karotte und den Sellerie putzen und schälen. Das Gemüse in 1 cm große Stücke schneiden. Einen Schmortopf bei mittlerer Temperatur erhitzen und das Öl mit einem Pinsel auf dem Topfboden verstreichen. Die Fleischstücke darin bei mittlerer Hitze rundum anbraten und wieder herausnehmen.

2 Den Puderzucker in den Topf stäuben und hell karamellisieren. Das Gemüse dazugeben und einige Minuten andünsten. Das Tomatenmark unterrühren und anrösten. Die Brühe angießen und die Kalbsbackerl zurück in den Topf geben.

3 Den Wein separat auf ein Drittel einköcheln lassen und mit in den Topf geben. Ein Blatt Backpapier darauflegen und die Kalbsbackerl bei milder Hitze knapp 3 Stunden schmoren, bis das Fleisch weich ist.

4 Die Backerl herausnehmen und die Sauce auf zwei Drittel einköcheln lassen. Die Speisestärke mit 2 EL kaltem Wasser glatt rühren, in die köchelnde Sauce geben, bis sie sämig bindet, und noch 2 Minuten köcheln lassen.

5 Den Thymian waschen, trocken tupfen und mit Zitronenschale, Knoblauch und Ingwer einige Minuten in der Sauce ziehen lassen. Die Sauce durch ein Sieb gießen, das Gemüse dabei etwas ausdrücken. Die Sauce mit Salz, Pfeffer und Koriander würzen und die Kalbsbackerl wieder hineinlegen.

6 Die Kalbsbackerl auf vorgewärmte Teller verteilen und die Sauce darübergießen. Dazu passen Kartoffeln, Spätzle, Kartoffelpüree oder Bandnudeln sowie buntes Gemüse.

Mein Gesundheitstipp

>> *Rotwein verleiht vielen Saucen ein ganz besonderes Aroma. Um den Alkohol brauchen Sie sich keine allzu großen Gedanken machen, denn die lange gekochelte Rotweinsauce enthält praktisch keinen Alkohol mehr – er verflüchtigt sich während des Garens.* <<

»Bayern meets Bangkok«
Weißwurstradeln auf Thai-Currysauce

Zutaten für 4 Personen

Für die Thai-Currysauce:
2 Stängel Zitronengras
3 Kaffir-Limettenblätter
400 ml Kokosmilch
2 TL rote Currypaste
1 TL brauner Zucker
2 Knoblauchzehen (in Scheiben)
4 Scheiben Ingwer (oder Galgant)
Salz

Für die Brezenknödel und die Weißwurstradeln:
½ Rezept Brezenknödel (fertig gegart; siehe S. 75)
4 Frühlingszwiebeln
6 Weißwürste
½ TL Öl
1 EL braune Butter (siehe S. 151)
mildes Chilisalz

1 Für die Thai-Currysauce vom Zitronengras die welken Außenblätter und die obere, trockene Hälfte entfernen. Das Zitronengras längs halbieren. Die Limettenblätter waschen und mehrmals einreißen. Die Kokosmilch und die Currypaste in einem Topf verrühren. Das Zitronengras, die Limettenblätter und die restlichen Zutaten hinzufügen und alles bei milder Hitze knapp unter dem Siedepunkt erhitzen, aber nicht aufkochen. Den Topf vom Herd nehmen und die Sauce 5 bis 10 Minuten ziehen lassen. Dann durch ein Sieb gießen und mit Salz abschmecken.

2 Für die Brezenknödel den Brezenknödel längs vierteln und in ½ bis 1 cm dicke Scheiben schneiden. Die Frühlingszwiebeln putzen, waschen und in Ringe schneiden.

3 Für die Weißwurstradeln die Weißwürste auf beiden Seiten mehrmals leicht einritzen. Eine große Pfanne bei mittlerer Temperatur erhitzen und das Öl mit einem Pinsel auf dem Pfannenboden verstreichen. Die Weißwürste darin auf beiden Seiten braun braten. Herausnehmen und in etwa 1 cm dicke Scheiben schneiden.

4 Die Pfanne mit Küchenpapier säubern und die braune Butter darin erhitzen. Die Brezenknödel mit den Frühlingszwiebeln darin einige Minuten anbraten. Mit Chilisalz würzen und die Weißwurstscheiben unterheben.

5 Die Thai-Currysauce auf vorgewärmte tiefe Teller verteilen und die Weißwurst- und Brezenknödelscheiben mittig darauf anrichten.

Mein Gesundheitstipp

>> *Ein Topf voller Exotik – Asia-Gewürze sind auch aus unseren Küchen nicht mehr wegzudenken. Und Currypasten sind eine gelunge Kombination dieser Gewürze. So steckt in ihnen neben Galgant, Ingwer und Knoblauch z. B. auch jede Menge Chili. Capsaicin, der Scharfmacher in den Chilischoten, unterstützt die Verdauungsorgane, fördert die Durchblutung und regt den gesamten Stoffwechsel an.* <<

Lammrücken
auf Paprikakraut

Zutaten für 4 Personen

Für den Lammrücken:
½–1 TL Öl
600 g Lammrückenfilet (ausgelöst; oder Lammlachse)
1–2 EL Olivenöl
mildes Chilisalz

Für das Paprikakraut:
1 Zwiebel
je 1 gelbe und rote Paprikaschote
400 g junger Weißkohl
100 ml Gemüsebrühe
1 TL Paprikapulver (edelsüß)
2 Msp. Räucherpaprikapulver (Piment de la Vera picante)
½–1 TL mildes Currypulver
1 fein geriebene Knoblauchzehe
½–1 TL fein geriebener Ingwer
20 g kalte Butter
Salz

1 Für den Lammrücken den Backofen auf 100 °C vorheizen. Ein Ofengitter auf die mittlere Schiene und darunter ein Abtropfblech schieben. Eine Pfanne bei mittlerer Temperatur erhitzen und das Öl mit einem Pinsel auf dem Pfannenboden verstreichen. Das Fleisch darin rundum anbraten, dann auf das Ofengitter legen und im Ofen 35 bis 40 Minuten rosa garen.

2 Für das Paprikakraut die Zwiebel schälen. Die Paprikaschoten längs halbieren, entkernen, waschen und mit dem Sparschäler schälen. Zwiebel und Paprika in etwa 3 cm lange und ½ cm breite Streifen schneiden.

3 Vom Weißkohl die äußeren Blätter entfernen, den Kohl halbieren und den Strunk entfernen. Die Weißkohlhälften in etwa ½ cm breite Streifen schneiden.

4 Zwiebel, Paprika und Weißkohl mit der Brühe in einen Topf geben und ein Blatt Backpapier darauflegen. Das Gemüse knapp unter dem Siedepunkt 8 bis 10 Minuten dünsten. Beide Paprikapulver, Currypulver, Knoblauch und Ingwer hineinrühren und einige Minuten ziehen lassen. Die kalte Butter unterrühren und das Paprikakraut mit Salz abschmecken.

5 Den Lammrücken aus dem Ofen nehmen, mit dem Olivenöl bestreichen und mit Chilisalz würzen. Das Paprikakraut auf vorgewärmte Teller verteilen, den Lammrücken in Scheiben schneiden und darauf anrichten.

Mein Gesundheitstipp

>> *Paprikapulver ist nicht gleich Paprikapulver: Die Sortenvielfalt reicht von ›mild‹ über ›edelsüß‹ und ›scharf‹ bis zu ›Rosenpaprika‹. Einer meiner Favoriten ist das geräucherte Paprikapulver aus Spanien. Es hat eine feine Rauchnote und passt gut zu Eintöpfen, Saucen und eben Kraut. Die feuerrote Farbe ist allen Pulvern gemein. Verantwortlich dafür ist der Farbstoff Capsanthin, der unter anderem auch als Radikalfänger wirkt.* <<

Rehragout
mit Pfifferlingen

Zutaten für 4 Personen

Für das Rehragout:
1 kg Rehfleisch (aus der Schulter)
1 TL Öl
2–3 TL Puderzucker
2 Zwiebeln (in Würfeln)
1 Karotte (in Würfeln)
150 g Knollensellerie (in Würfeln)
1 EL Tomatenmark
4 cl Cognac
300 ml kräftiger Rotwein
¾ l Hühnerbrühe
1 Lorbeerblatt
½ TL schwarze Pfefferkörner
5 Wacholderbeeren (leicht angedrückt)
gemahlener Koriander
5 Pimentkörner
1 Knoblauchzehe (halbiert)
1 Scheibe Ingwer
1 Streifen unbehandelte Orangenschale
50 ml Rotweinessig
1 EL Johannisbeergelee
Salz · Pfeffer aus der Mühle
10 g geraspelte Zartbitterschokolade
30 g kalte Butter

Für die Pilze:
150 g kleine Pfifferlinge
½ TL Öl
1–2 EL Butter
1 TL Petersilienblätter (frisch geschnitten)
mildes Chilisalz

1 Für das Rehragout das Rehfleisch waschen, trocken tupfen und von groben Sehnen befreien. Das Fleisch in etwa 3 cm große Würfel schneiden. Einen Schmortopf bei mittlerer Temperatur erhitzen und das Öl mit einem Pinsel auf dem Topfboden verstreichen. Das Rehfleisch darin bei mittlerer Hitze in zwei Portionen rundum anbraten, dann herausnehmen.

2 Anschließend 1 bis 2 TL Puderzucker in den Topf stäuben und hell karamellisieren. Die Gemüsewürfel dazugeben und etwas andünsten. Das Tomatenmark unterrühren und anrösten. Mit Cognac und nach und nach je einem Drittel Wein ablöschen und jeweils sämig einköcheln lassen. Mit der Brühe auffüllen und das Rehfleisch dazugeben. Ein Blatt Backpapier darauflegen und das Fleisch bei milder Hitze knapp unter dem Siedepunkt 1 ½ Stunden weich schmoren. Nach 1 Stunde Schmorzeit Lorbeerblatt, Pfefferkörner, Wacholderbeeren, 1 Prise Koriander und Pimentkörner dazugeben.

3 Die Fleischwürfel aus der Sauce nehmen und beiseitestellen. Die Sauce durch ein Sieb in einen Topf gießen, das Gemüse dabei etwas ausdrücken. Knoblauch, Ingwer und Orangenschale in die Sauce geben, einige Minuten bei milder Hitze ziehen lassen und wieder entfernen.

4 Restlichen Puderzucker in einer Pfanne bei mittlerer Hitze hell karamellisieren, mit Essig ablöschen und auf die Hälfte einkochen lassen. Die Schmorsauce mit Johannisbeergelee, Salz, Pfeffer und der Essigreduktion abschmecken. Die Schokolade in der Sauce schmelzen lassen und die Butter in kleinen Stücken unterrühren. Das Fleisch in der Sauce erwärmen.

5 Für die Pilze die Pfifferlinge putzen und, falls nötig, trocken abreiben. Eine Pfanne bei mittlerer Temperatur erhitzen und das Öl mit einem Pinsel auf dem Pfannenboden verstreichen. Die Pfifferlinge darin anbraten. Die Pfanne vom Herd nehmen, Butter und Petersilie hineinrühren und die Pfifferlinge mit Chilisalz würzen. Das Rehragout auf vorgewärmte Teller verteilen und mit den Pfifferlingen garnieren. Dazu passen Serviettenknödel.

Mein Gesundheitstipp

›› *Gut zu wissen:* Rotes Fleisch hat einen deutlich höheren Gehalt an Eisen als helles Fleisch. Eine ausreichende Eisen- und damit optimale Sauerstoffversorgung aller Körperzellen steigert die Leistungsfähigkeit und ist vor allem im Ausdauersport von großer Bedeutung. ‹‹

Hirschrücken mit Selleriepüree
und karamellisierten Kirschen

Zutaten für 4 Personen

Für den Hirschrücken:
600 g Hirschkalbsrücken (ausgelöst)
1 TL Öl
½ TL Puderzucker
1 schwach geh. TL Tomatenmark
3 EL roter Portwein
70 ml kräftiger Rotwein
400 ml Wildfond · Wildgewürz
1 TL Speisestärke
1 kleine Knoblauchzehe (halbiert)
2 Scheiben Ingwer
1 Streifen unbehandelte Orangenschale
20–30 g kalte Butter
2–3 Splitter Zartbitterschokolade

Für die Kirschen:
1 TL Puderzucker
125 g Herzkirschen (entsteint und halbiert)
¼ Zimtrinde · 3 cm Vanilleschote
1 Streifen unbehandelte Orangenschale
3 EL roter Portwein
3 EL Rotwein
1 EL kalte Butter

Für das Selleriepüree:
75 ml Gemüsebrühe
75 ml Milch
800 g Knollensellerie (in Würfeln)
1 Kartoffel (100 g; in Würfeln)
1 EL braune Butter (siehe S. 151)
1 EL kalte Butter
mildes Chilisalz
frisch geriebene Muskatnuss

1 Für den Hirschrücken den Backofen auf 100 °C vorheizen. Ein Ofengitter auf die mittlere Schiene und darunter ein Abtropfblech schieben. Das Fleisch waschen, trocken tupfen und in 8 Medaillons schneiden. Das Öl in einer heißen Pfanne verstreichen und die Hirschmedaillons darin bei mittlerer Hitze auf beiden Seiten kurz anbraten. Herausnehmen und auf dem Gitter im Ofen etwa 30 Minuten rosa garen.

2 Den Puderzucker in die Pfanne stäuben und hell karamellisieren. Das Tomatenmark hineinrühren und kurz anrösten. Mit den Weinen ablöschen und fast vollständig einköcheln lassen. Den Fond angießen und auf ¼ l einköcheln lassen, 1 Prise Wildgewürz unterrühren. Die Speisestärke mit 2 EL kaltem Wasser glatt rühren und in die leicht köchelnde Sauce mischen, bis diese leicht sämig bindet. Knoblauch, Ingwer und Orangenschale hinzufügen und einige Minuten ziehen lassen. Dann die Sauce durch ein Sieb gießen. Die kalte Butter und die Schokolade hineinrühren, die Sauce, falls nötig, mit etwas Salz würzen. Die Hirschmedaillons darin wenden.

3 Für die Kirschen den Puderzucker in eine Pfanne stäuben und bei milder Hitze hell karamellisieren. Die Kirschen, Zimt, Vanilleschote und Orangenschale hinzufügen und erhitzen. Mit den Weinen ablöschen und fast vollständig einköcheln lassen. Die kalte Butter hineinrühren, und Zimt, Vanilleschote und Orangenschale wieder entfernen.

4 Für das Selleriepüree die Brühe mit der Milch in einem Topf erhitzen und Sellerie- und Kartoffelwürfel hineingeben. Ein Blatt Backpapier darauflegen und das Gemüse zugedeckt etwa 20 Minuten weich schmoren.

5 Gemüsewürfel mit dem Schaumlöffel herausnehmen und in einer Schüssel mit dem Stabmixer pürieren, dabei so viel Kochflüssigkeit hinzufügen, bis die gewünschte Konsistenz erreicht ist. Braune Butter und kalte Butter unterrühren und das Püree mit Chilisalz und Muskatnuss würzen. Mit dem Hirschrücken und den Kirschen anrichten.

Mein Gesundheitstipp

» *Wildfleisch schmeckt und tut gut, denn es enthält nicht nur den Aktivator Eisen, sondern liefert dank hohem Eiweiß- und geringem Fettanteil auch beste Energiequalität (siehe S. 18 ff.).* «

Desserts & Gebäck

Bunte Früchte
mit schwarzem Pfeffer

Zutaten für 4 Personen

800 g gemischte Früchte (z.B. ½ kleine Ananas, ½ Mango, ½ Papaya, ¼ Galia-Melone, 1 Kiwi, 1 Pfirsich)
1–2 EL Poweröl (oder ein anderes Omega-3-Öl)
schwarzer Pfeffer aus der Mühle

1 Die Ananas schälen, halbieren und den harten Strunk entfernen. Die Mango schälen und das Fruchtfleisch vom Stein schneiden.

2 Die Papaya und die Melone mit einem Esslöffel entkernen und schälen.

3 Kiwi schälen, den Pfirsich waschen, halbieren und den Stein entfernen.

4 Die Früchte in dekorative Stücke schneiden und auf Desserttellern anrichten. Das Obst mit dem Öl beträufeln und etwas Pfeffer aus der Mühle grob darübermahlen.

Mein Gesundheitstipp

» Bunt gleich gesund: Obst schmeckt köstlich und ist aufgrund seiner Farbenpracht ein echter Hingucker. Die bunte Farbvielfalt verdanken die Früchte den in ihnen enthaltenen Carotinoiden. Diese besitzen eine antioxidative Wirkung und schützen so unsere Körperzellen vor freien Radikalen.
Das im schwarzen Pfeffer enthaltene Piperin erhöht die Aufnahme wertvoller Inhaltsstoffe aus anderen Gewürzen und Nahrungsmitteln und verstärkt deren Wirkung. «

Gegrillte Ananas
mit Kokosstreuseln und Minzjoghurt

Zutaten für 4 Personen

Für die Kokosstreusel:
50 g Kokosraspel
20 g Zucker
1 Eiweiß (von 1 Ei der Größe S)

Für die gegrillte Ananas:
700 g reife Ananas
½–1 TL Öl

Für den Minzjoghurt:
150 g Schafsmilchjoghurt
1 Spritzer Zitronensaft
1–2 Msp. abgeriebene unbehandelte Zitronenschale
1–2 TL Honig (oder Ahornsirup)
1 EL Minzeblätter (frisch geschnitten)

1 Für die Kokosstreusel den Backofen auf 140 °C vorheizen. Ein Backblech mit Backpapier belegen. Die Kokosraspel mit dem Zucker und dem Eiweiß mischen und auf dem Blech flach verteilen.

2 Die Kokosraspel im Ofen auf der mittleren Schiene 10 bis 15 Minuten goldbraun backen. Herausnehmen und nach Belieben warm oder abgekühlt verwenden.

3 Für die gegrillte Ananas die Ananas schälen, quer in 8 Scheiben (gut 1 cm dick) schneiden und den Strunk mit einem Metallausstecher aus jeder Scheibe ausstechen.

4 Eine Grillpfanne bei mittlerer Temperatur erhitzen und das Öl mit einem Pinsel auf dem Pfannenboden verstreichen. Die Ananasscheiben darin auf beiden Seiten 1 bis 2 Minuten braten.

5 Für den Minzjoghurt den Joghurt mit Zitronensaft und -schale, Honig und Minze verrühren.

6 Die Ananasscheiben auf vorgewärmte Dessertteller legen und mit den Kokosstreuseln bestreuen. Den Minzjoghurt darum herumträufeln.

Mein Gesundheitstipp

» *Die Powerfrucht unter den Exoten: Ananas liefert mit ihrem hohen Zuckergehalt einen schnellen Energieschub – dank der ebenfalls enthaltenen Ballaststoffe wirkt er sich nicht negativ auf den Blutzuckerspiegel aus. Außerdem enthält die süße Frucht das Enzym Bromelain, das beim Eiweißabbau hilft.* «

Crème brulée
auf klassische Art

Zutaten für 4 Personen
1 Vanilleschote
180 g Sahne
180 ml Milch
3 EL Zucker
4 Eigelb
1–2 EL brauner Zucker zum Karamellisieren

1 Die Vanilleschote längs aufschneiden und das Mark mit einem spitzen Messer herauskratzen. Die Sahne mit der Milch, der Hälfte des Zuckers, Vanillemark und -schote in einem Topf aufkochen lassen. Die Vanillesahne vom Herd nehmen und mit geschlossenem Deckel etwa 15 Minuten ziehen lassen. Die Vanilleschote wieder entfernen.

2 Den Backofen auf 120 °C vorheizen. Die Eigelbe in einer Schüssel mit dem restlichen Zucker gut verruhren, aber nicht schaumig schlagen. Die noch heiße Vanillesahne langsam unter die Eigelbmasse rühren. Die Vanillecreme durch ein feines Sieb gießen und in ofenfeste Portionsförmchen (à etwa 100 ml Inhalt) füllen.

3 Die Schälchen in ein tiefes Backblech stellen und so viel heißes Wasser angießen, dass die Förmchen zu einem Drittel im Wasser stehen. Die Creme im Ofen auf der mittleren Schiene etwa 30 Minuten stocken lassen. Nach 20 bis 25 Minuten mit einem Löffelrücken die Konsistenz der Creme prüfen – sie sollte sich weich und elastisch anfühlen. Sobald sie fertig ist, die Förmchen aus dem Wasserbad nehmen und die Creme abkühlen bzw. nach Belieben im Kühlschrank auskühlen lassen.

4 Kurz vor dem Servieren den Backofengrill einschalten. Die Creme in den Schälchen gleichmäßig mit braunem Zucker bestreuen und sofort unter dem Grill auf der obersten Schiene goldbraun karamellisieren. Oder die Creme mit dem Flambierbrenner karamellisieren. Dazu erst nur wenig braunen Zucker auf die Creme streuen und karamellisieren. Dann den Vorgang ein- bis zweimal wiederholen. Die Crème brulée sofort servieren.

Mein Gesundheitstipp

» Vanille ist Balsam für die gestresste Sportlerseele. Es gibt zwar in der medizinischen Forschung kaum nennenswerte Studien zur Wirkungsweise des ätherischen Öls der Vanille. Aber laut Volksheilkunde, Erfahrungsmedizin und Aromatherapie wirkt echtes Vanilleöl ausgleichend bei nervöser Anspannung, Niedergeschlagenheit und bei Schlafstörungen. «

Panna cotta
mit marinierten Beeren

Zutaten für 4 Personen

Für die Panna cotta:
2 Blatt Gelatine
100 ml Milch
200 g Sahne
½ Vanilleschote
25 g Zucker

Für die marinierten Beeren:
250 g Erdbeeren
2 EL Zucker
1 Spritzer Zitronensaft
350 g gemischte Beeren
(z. B. Rote Johannisbeeren, Heidelbeeren und Himbeeren)

1 Für die Panna cotta die Gelatine in kaltem Wasser einweichen. Die Milch mit der Hälfte der Sahne, der aufgeschlitzten Vanilleschote und dem Zucker aufkochen und durch ein Sieb gießen.

2 Die Gelatine ausdrücken und in der heißen Milch-Sahne-Mischung auflösen. Die Mischung abkühlen lassen, bis sie zu gelieren beginnt.

3 Die übrige Sahne halb steif schlagen und unter die gelierende Creme heben. Vier Dessertgläser zum Befüllen schräg in einen Eierkarton setzen und die Creme vorsichtig einfüllen. Die Panna cotta im Kühlschrank mindestens 2 Stunden durchkühlen lassen.

4 Für die marinierten Beeren die Erdbeeren waschen, putzen und vierteln. 150 g Erdbeeren in einen hohen Rührbecher geben, den Zucker und den Zitronensaft hinzufügen und alles mit dem Stabmixer pürieren. Das Erdbeerpüree durch ein Sieb streichen.

5 Die Johannisbeeren verlesen, waschen und von den Rispen zupfen. Heidelbeeren und Himbeeren verlesen, waschen und trocken tupfen. Die übrigen Erdbeerviertel mit Johannisbeeren, Heidelbeeren und Himbeeren unter das Erdbeerpüree mischen, einige Minuten ziehen lassen und ggf. mit Zucker etwas nachsüßen.

6 Die marinierten Beeren vorsichtig auf die Panna cotta geben, sodass zwei Schichten entstehen. Die Panna cotta sofort servieren oder bis zum Servieren kühl stellen. Nach Belieben mit Minzeblättern garnieren.

Mein Gesundheitstipp

» Mit ihrem Vitalstoffmix aus Betacarotin, Vitamin C und B-Vitaminen bringen frische Beeren Stoffwechsel und Immunsystem in Schwung und schützen die Zellen vor freien Radikalen.
Auch Milch(-produkte) sollten Sie so oft wie möglich auf Ihren Speiseplan setzen. Sie liefern hochwertiges Eiweiß und knochenstärkendes Kalzium. «

Topfenmousse
mit Heidelbeerkompott und Baiserbröseln

Zutaten für 4–6 Personen

Für das Heidelbeerkompott:
200 g Heidelbeeren
½ TL Speisestärke
100 ml Heidelbeersaft (Muttersaft)
1 EL Zucker
2–3 Zimtsplitter
¼ aufgeschlitzte Vanilleschote
1 Scheibe Ingwer
je ½ Streifen unbehandelte Zitronen- und Orangenschale

Für die Topfenmousse:
200 g Sahne
1 TL Vanillezucker
125 g Topfen (oder Magerquark)
Salz
½ TL abgeriebene unbehandelte Orangenschale

Außerdem:
150 g Baiser (Fertigprodukt)
Minzeblätter zum Garnieren
Zimtpulver und Puderzucker zum Bestäuben

1 Für das Heidelbeerkompott die Heidelbeeren verlesen und waschen. Die Speisestärke mit 2 EL Heidelbeersaft glatt rühren. Den übrigen Saft mit dem Zucker in einem Topf aufkochen lassen und die angerührte Speisestärke unterrühren, bis der Saft leicht sämig bindet.

2 Zimt, Vanilleschote, Ingwer, Zitronen- und Orangenschale in den Heidelbeersud geben. Die Sauce lauwarm abkühlen lassen, durch ein Sieb gießen und mit den Heidelbeeren mischen.

3 Für die Topfenmousse die Sahne mit dem Vanillezucker verrühren und mit den Quirlen des Handrührgeräts steif schlagen. Den Quark mit 1 Prise Salz und der Orangenschale glatt rühren. Die geschlagene Sahne nach und nach unter den Quark ziehen.

4 Das Baiser in einen Gefrierbeutel füllen, den Beutel verschließen und das Baiser mit dem Nudelholz zu groben Bröseln zerkleinern.

5 Die Sahne-Quark-Creme, das Heidelbeerkompott und die Baiserbrösel abwechselnd in Dessertgläser schichten. Mit der Minze und nach Belieben mit Baiserstücken garnieren und mit Zimt und Puderzucker bestäuben. Sofort servieren oder bis zum Servieren kühl stellen.

Mein Gesundheitstipp

›› *Der Quark macht's! Topfen (oder Quark) liefert hochwertiges Eiweiß, welches unentbehrlich für den Aufbau von Muskeln, Bindegewebe, Haut und Haaren ist. Für die blaue Farbe der Heidelbeeren sind die sogenannten Anthocyane verantwortlich. Sie sorgen für gesunde und freie Gefäße, da sie antithrombotisch, entzündungshemmend und antioxidativ wirken.* ‹‹

Karamellisierter Kaiserschmarren
mit Rosinen und Mandeln

Zutaten für 4 Personen
120 g Mehl
¼ l Milch
4 Eigelb
Mark von 1 Vanilleschote
1 TL abgeriebene unbehandelte Zitronenschale
1 EL Rum
40 g flüssige braune Butter (siehe S. 151)
4 Eiweiß
Salz
60 g Zucker
40 g Butter
2–3 EL Rumrosinen (oder in Apfelsaft eingelegte Rosinen)
2 EL Mandelblättchen (geröstet)
Puderzucker zum Bestäuben

1 Das Mehl in einer großen Schüssel mit der Milch glatt rühren. Die Eigelbe, das Vanillemark, die Zitronenschale, den Rum und die braune Butter unterrühren. Die Eiweiße mit 1 Prise Salz cremig schlagen, nach und nach die Hälfte des Zuckers einrieseln lassen und alles zu festem Schnee weiterschlagen. Den Eischnee unter die Eigelbmasse heben.

2 Den Backofengrill einschalten. In zwei kleinen ofenfesten Pfannen (24 bis 26 cm Durchmesser) jeweils 1 TL Butter bei milder Hitze zerlassen. Den Kaiserschmarrenteig in den Pfannen verteilen und die Unterseite etwa 2 Minuten hell bräunen.

3 Die abgetropften Rumrosinen und die Mandelblättchen daraufstreuen und dabei darauf achten, dass sie mit Teig bedeckt sind. Die Kaiserschmarren in den Pfannen nacheinander unter dem Backofengrill auf der untersten Schiene etwa 3 Minuten goldbraun backen.

4 Die Kaiserschmarren mit zwei Gabeln in mundgerechte Stücke zerteilen. Die übrige Butter mit dem restlichen Zucker hinzufügen und die Kaiserschmarren in den Pfannen unter Rühren auf dem Herd bei mittlerer Hitze etwas karamellisieren. Die Kaiserschmarren auf vorgewärmte Teller verteilen und mit Puderzucker bestäuben. Dazu passt Apfelmus oder Zwetschgenröster sowie Vanilleeis.

Mein Gesundheitstipp

>> Wer regelmäßig Sport treibt, darf auch ab und zu sündigen, zum Beispiel mit diesem köstlichen Kaiserschmarren! Zumal die darin enthaltenen Rosinen Zucker und Mineralstoffe in geballter Form liefern und somit perfekt sind für sportlich Aktive sowie für alle, die geistig topfit sein müssen. Nicht umsonst sind die getrockneten Traubenbeeren ein Bestandteil des klassischen ›Studentenfutters‹. ««

# Johannisbeerkuchen
mit Haselnüssen

Zutaten für 1 Tarteform (28 cm Durchmesser)

Für den Mürbeteig:
100 g weiche Butter
50 g Puderzucker
Salz
Mark von ½ Vanilleschote
abgeriebene Schale von ½ unbehandelten Zitrone
1 Eigelb
150 g Mehl

Für die Füllung:
50 g gemahlene Haselnüsse
25 g Speisestärke
30 g Hartweizengrieß
500 g Rote Johannisbeeren
4 Eiweiß
Salz
150 g Zucker

Außerdem:
weiche Butter für die Form
Mehl für die Form und die Arbeitsfläche
getrocknete Hülsenfrüchte zum Blindbacken
Puderzucker zum Bestäuben

1 Für den Mürbeteig Butter, Puderzucker, 1 Prise Salz, Vanillemark und Zitronenschale mit den Knethaken des Handrührgeräts oder in der Küchenmaschine verkneten. Das Eigelb dazugeben und unterrühren, aber nicht schaumig schlagen. Zum Schluss das Mehl hinzufügen und alles rasch zu einem glatten Teig verarbeiten. Den Teig zu einem Rechteck formen, in Frischhaltefolie wickeln und 2 Stunden in den Kühlschrank legen.

2 Den Backofen auf 200 °C vorheizen. Die Tarteform mit Butter einfetten und mit Mehl ausstäuben. Den Teig auf der leicht bemehlten Arbeitsfläche nochmals kurz durchkneten und etwas größer als die Tarteform ausrollen. Die Tarteform damit auslegen, dabei überstehende Enden abschneiden.

3 Den Teig mit einer Gabel mehrmals einstechen, mit Backpapier belegen, mit getrockneten Hülsenfrüchten auffüllen und im Ofen auf der mittleren Schiene etwa 14 Minuten blindbacken. Die Form aus dem Ofen nehmen und die Hülsenfrüchte mithilfe des Backpapiers entfernen. Die Backofentemperatur auf 180 °C herunterschalten.

4 Für die Füllung die Haselnüsse in einer Pfanne ohne Fett goldbraun rösten, aus der Pfanne nehmen und abkühlen lassen. Mit der Speisestärke und dem Grieß mischen. Die Johannisbeeren verlesen, waschen, trocken tupfen und von den Stielen streifen.

5 Die Eiweiße mit 1 Prise Salz zu steifem Schnee schlagen, dabei nach und nach den Zucker einrieseln lassen. Die Haselnussmischung mit etwa 400 g Johannisbeeren unter den Eischnee heben und auf dem vorgebackenen Tarteboden verteilen. Die übrigen 100 g Johannisbeeren gleichmäßig daraufstreuen. Die Tarte im Ofen auf der mittleren Schiene etwa 45 Minuten goldbraun backen. Herausnehmen, etwas abkühlen lassen, aus der Form lösen und vor dem Servieren mit Puderzucker bestäuben.

Mein Gesundheitstipp

» *Dieser roten Versuchung dürfen Sie ruhig öfter nachgeben: Johannisbeeren zählen zu den Vitamin-C-Bomben. Das wasserlösliche Vitamin stärkt das Immunsystem und verbessert die Aufnahme des für die Blutbildung unentbehrlichen Eisens.* «

Apfelstrudel
mit Vanille-Kardamom-Sahne

Zutaten für 4 Personen

Für den Apfelstrudel:
4 Äpfel (ca. 700 g; z.B. Boskop, Braeburn oder Elstar)
35 g Mandelblättchen
30 g Zucker
¼ TL Zimtpulver
30 g Rumrosinen
Saft von ½ Zitrone
50 g Biskuitbrösel
2 Strudelteigblätter (ca. 30 x 30 cm; aus dem Kühlregal)

Für die Vanille-Kardamom-Sahne:
100 g Sahne
1 TL Vanillezucker
gemahlener Kardamom (oder arabisches Kaffeegewürz)

Außerdem:
Mehl für das Küchentuch
30 g flüssige Butter zum Bestreichen

1 Für den Apfelstrudel die Äpfel schälen und bis auf das Kerngehäuse auf dem Gemüsehobel in Scheiben hobeln. Oder die Äpfel vierteln, schälen, die Kerngehäuse entfernen und die Apfelviertel in ½ bis 1 cm große Würfel schneiden.

2 Die Mandelblättchen in einer Pfanne ohne Fett anrösten. Zucker und Zimt mischen und mit den Rumrosinen, dem Zitronensaft, den Biskuitbröseln und den Mandelblättchen unter die Äpfel mischen.

3 Den Backofen auf 200 °C vorheizen. Ein Backblech mit Backpapier belegen. Ein Strudelblatt auf ein bemehltes Küchentuch legen und mit etwas Butter bestreichen. Das zweite Strudelblatt darauflegen und ebenfalls mit Butter bestreichen.

4 Die Apfelfüllung entlang einer Längsseite des Teigs in einem Strang verteilen. Dabei an den beiden Enden je einen 5 cm breiten Rand frei lassen und über die Füllung nach innen schlagen. Den Strudel mithilfe des Tuchs aufrollen, die Ränder andrücken und den Strudel mit der Nahtseite nach unten auf das Blech legen. Mit der restlichen flüssigen Butter bestreichen und den Strudel im Ofen auf der mittleren Schiene 20 bis 25 Minuten goldbraun backen.

5 Inzwischen für die Vanille-Kardamom-Sahne die Sahne mit dem Vanillezucker und 1 Prise Kardamom cremig schlagen.

6 Den Apfelstrudel aus dem Ofen nehmen, etwas abkühlen lassen und in Stücke schneiden. Mit der Vanille-Kardamom-Sahne auf Desserttellern anrichten und nach Belieben mit Puderzucker bestäuben und mit gehackten Pistazien bestreuen.

Mein Gesundheitstipp

» *›An apple a day keeps the doctor away‹: Äpfel sind dank ihres Gehalts an Vitamin C und dem immunstärkenden Farbstoff Quercetin wahre Abwehrspezialisten. Das enthaltene Pektin, ein wasserlöslicher Ballaststoff, bringt einen trägen Darm wieder in Schwung und beruhigt ihn zugleich.* «

Schoko-Orangen-Kuchen
mit Pistazien

Zutaten für 1 Backblech

Für den Schoko-Orangen-Kuchen:
250 g Zartbitterschokolade
250 g Butter
250 g Zucker
abgeriebene Schale von 1 unbehandelten Orange
6 Eier
250 g gemahlene Mandeln
100 g Mehl

Für die Glasur:
150 g Zartbitterkuvertüre
80 ml Kondensmilch
1 EL Honig
150 g Aprikosenkonfitüre
3 EL gehackte Pistazien

1 Für den Schoko-Orangen-Kuchen den Backofen auf 160 °C vorheizen. Ein Backblech mit Backpapier belegen. Die Schokolade fein reiben. Die Butter mit der Hälfte des Zuckers und der Orangenschale in einer Schüssel mit den Quirlen des Handrührgeräts schaumig schlagen.

2 Die Eier trennen. Die Eigelbe nach und nach unter die Buttermasse rühren. Eiweiße mit 3 EL Zucker schaumig aufschlagen. Nach und nach den restlichen Zucker einrieseln lassen und alles zu festem Schnee schlagen.

3 Die Schokolade, die Mandeln und das Mehl mischen und unter die Butter-Eier-Masse heben. Den Eischnee ebenfalls unterheben. Den Teig auf dem Backblech verteilen und glatt streichen. Den Kuchen im Ofen auf der untersten Schiene 40 bis 45 Minuten hellbraun backen, herausnehmen und auskühlen lassen.

4 Für die Glasur die Kuvertüre klein hacken, mit der Kondensmilch und dem Honig in einer Metallschüssel im heißen Wasserbad schmelzen lassen. Den Kuchen mit der Aprikosenkonfitüre bestreichen. Die Schokoglasur mit dem Pinsel darauf verstreichen, mit den Pistazien bestreuen und fest werden lassen.

5 Zum Servieren den Kuchen mit einem Messer in Quadrate schneiden, dabei das Messer öfter in heißes Wasser tauchen.

Mein Gesundheitstipp

» *Naschen erlaubt! Die in der Kakaobohne – und somit auch in der Schokolade – enthaltenen Polyphenole (gehören zu den sekundären Pflanzenstoffen) weiten die Blutgefäße im Gehirn und steigern so seine Leistung. Mandeln liefern zwar viele Kalorien, ihr Mix aus hochwertigem Eiweiß und Ballaststoffen macht aber lange satt und die Mandeln somit zu einem idealen Snack – gerne auch mal in Form von köstlichem Kuchen!* «

Tiramisu
mit Amarettini und Beeren

Zutaten für 4–6 Personen

Für das Tiramisu:
250 g Mascarpone (gekühlt)
50 g Zucker
1 TL Vanillezucker
Salz
200 g Sahne
200 ml Kaffee
2 EL Amaretto (ital. Mandellikör)
100 g Löffelbiskuits
50 g Amarettini
1–2 EL Kakaopulver
1 Msp. Zimtpulver

Außerdem:
300 g gemischte Beeren (z. B. Brombeeren, Erdbeeren, Heidelbeeren, Himbeeren und Johannisbeeren)
1 gestr. EL Puderzucker
1 Spritzer Zitronensaft
1 TL Orangenlikör (z. B. Grand Marnier)

1 Für das Tiramisu die Mascarpone mit dem Zucker, dem Vanillezucker und 1 Prise Salz glatt rühren. Die Sahne mit den Quirlen des Handrührgeräts cremig aufschlagen. Ein Drittel der Sahne mit dem Schneebesen unter die Mascarponecreme rühren, den Rest mit dem Teigschaber vorsichtig unterheben.

2 Den Kaffee mit dem Amaretto in einem tiefen Teller mischen. Die Löffelbiskuits nacheinander darin eintauchen und vier Dessertgläser oder eine kleine Auflaufform damit dicht auslegen.

3 Die Hälfte der Mascarponecreme darauf verteilen und glatt streichen. Die Amarettini grob zerstoßen, mit dem übrigen Kaffeemix mischen und auf der Creme verteilen. Die restliche Mascarponecreme darauf glatt verstreichen. Das Tiramisu zugedeckt 1 bis 2 Stunden kühl stellen.

4 Inzwischen die Erdbeeren waschen, putzen und je nach Größe halbieren oder vierteln. Die restlichen Beeren verlesen, waschen und trocken tupfen, Johannisbeeren mit einer Gabel von den Rispen streifen. Die Beeren mit Puderzucker, Zitronensaft und Orangenlikör mischen.

5 Zum Servieren Kakao- und Zimtpulver mischen und gleichmäßig fein über das Tiramisu sieben. Das Tiramisu mit den Beeren anrichten und nach Belieben mit Amarettini garnieren.

Mein Gesundheitstipp

» Bei Beeren dürfen Sie nach Herzenslust zugreifen! Die süßen Früchte bringen nicht nur Farbe auf den Teller, sie sind auch randvoll mit wertvollen Vitaminen, Mineralstoffen und sekundären Pflanzenstoffen, die sich positiv auf Fitness, Gesundheit und zahlreiche Körperfunktionen auswirken. «

Stichwortverzeichnis

Abendmahlzeit 15
Abgeschlagenheit 32
Abwehrstoffe 26, 30
Alkohol 36, 173
Aminosäuren 26, 27, 29, 33, 50, 62, 68, 105, 125, 151
Aminosäuren, essenzielle 25, 26, 27, 29, 42, 113, 148
Ananas 184
Anthocyane 188
Antibiotikum, natürliches 110, 122
Antikörper 26
Antioxidantien 74, 86, 92, 121, 140, 182
Apfel 34, 192
Apfelsaft 37
Arbeitsumsatz 14
Aromastoffe 30
Auberginen 118
Augen 28, 36
Ausdauersportler 26
Avocado 31

Ballaststoffe 19, 23, 24, 25, 33, 34, 42, 47, 54, 73, 83, 94, 105, 118, 125, 162, 184, 192, 193
Banane 14, 17, 24, 33
Basilikum 72
Bauchspeicheldrüse 22
Beeren 187, 194
Betacarotin 34, 35, 57, 70, 102, 118, 120, 187
Bier 21
Bindegewebe 26, 188
Bitterstoffe 76, 118
Blattsalate 76
Blumenkohl 80
Blut 26, 28, 29, 30, 32, 36, 44
Blutarmut 68
Blutbildung 29, 32, 33, 52, 53, 90, 112, 124, 135, 144, 191
Blutdruck 25, 160
Blutfettspiegel 104, 156
Blutgefäße 166

Blutgerinnung 33, 66
Blutzellen 28
Blutzuckerspiegel 22, 24, 25, 104, 146, 168, 184
Bohnen 24, 94
Botenstoffe 26
Braten in der Pfanne 39
Brennstoff 22
Brennwert 20
Brezel mit Butter 20
Bromelain 184
Brot 23
Bulgur 24
Butter 30, 20, 102
Buttermilch 56
B-Vitamine 24, 25, 29, 31, 42, 53, 56, 82, 113, 126, 129, 135, 142, 144, 197

Capsaicin 109, 174
Capsanthin 175
Carotinoide 34, 70, 72, 84, 92, 136, 165, 182
Chili 109, 174
Cholesterinspiegel 29, 73, 98, 118, 121
Cobalamin 166
Couscous 24
Currypasten 174

Dämpfen 38
Darm 30, 106, 154, 192
Darmflora 28, 47
Datteln 34, 50
Dill 165
Disaccharide 22
Dünsten 38
Durchblutung 122, 164, 174
Durchfall 33
Durchhaltevermögen 25

Edelkastanien 88
Eier 27, 28, 32, 33, 73, 108
Eigelb 32, 50
Einfachzucker 22

Eisen 25, 29, 31, 32, 33, 34, 35, 53, 84, 90, 113, 124, 129, 135, 176, 178, 191
Eiweiß 14, 15, 21, 24, 25, 26 ff. 28, 29, 30, 37, 45, 47, 49, 56, 68, 73, 82, 84, 105, 106, 108, 135, 137, 143, 147, 162, 169, 193
Eiweiß, hochwertiges 31, 83, 95, 187, 188
Eiweißbedarf 26
Eiweißlieferanten 27, 28, 29
Eiweißqualität 27
Eiweißquelle 60
Eiweißstoffwechsel 28, 32, 60, 95, 184
Elektrolyte 37
Elektrolytgetränke 37
Endorphine 109
Energiebedarf 14, 30
Energiedichte 18, 29
Energiegehalt 18
Energiegewinnung 32
Energiekurve 15
Energielieferanten, schnelle 22
Energieproduktion 32
Energiequalität 19, 20, 21, 38, 178
Energiequalität, Prinzip der 18 ff.
Energiequelle 22, 27, 30
Energiereserve 22
Energiestoffwechsel 60, 64, 90, 94
Energiezufuhr 15
Entzündungshemmung 66, 143
Enzyme 22, 23, 26, 53, 163
Erbsen 112
Erdnüsse 169
Erkältungen 84
Ermüden 16
Ernährungstipps 16–17
Estragon 154

Fasten 27
Feta 114
Fettabbau 23

STICHWORTVERZEICHNIS

Fettdepots 23
Fette 14, 15, 24, 27, 30 ff., 47, 102, 106
Fette, gesättigte 18
Fettgehalt 17
Fettlieferanten 31
Fettsäuren 30, 98
Fettsäuren, essenzielle 28
Fettsäuren, gesättigte 30
Fettsäuren, mehrfach ungesättigte 30, 31, 98, 148
Fettsäuren, ungesättigte 30, 31, 49, 98, 128, 152
Fettverdauung 63
Fisch 27, 28
Fleisch 27, 28, 30, 32
Fleisch, rotes 176
Flüssigkeit 17, 36
Flüssigkeitsbedarf 34
Flüssigkeitsbilanz 36
Flüssigkeitsmangel 36
Folsäure 24, 32, 35, 52, 57, 69, 100, 118, 124, 126, 135, 142, 144
Forelle 29, 148
Freizeitsportler 14, 15, 16, 17, 18, 26
Frischkäse 28, 45
Fruchtsaftschorle 14
Frühstück 15
Fünf-Mahlzeiten-Modell 15

Galgant 174
Garen im Backofen 39
Garmethoden 38, 39
Garnelen 28, 132
Gefäße 30, 31, 188
Geflügelfleisch 163
Gehirn 22, 24, 30, 50, 64, 166
Gehirnstoffwechsel 104, 170
Gelenke 36
Gemüse 22
Gemüsefenchel 90
Gemüsegratin 21
Gemüsepaprika 86
Gemüsepfanne 21
Gemüsesorten, grüne 33
Genuss 19
Gerste 24
Geschmack 18, 19, 28, 30, 35, 37

Getränke, isotonische 37
Getreide 27, 33
Getreideprodukte 22
Gewebe 26
Gewebshormone 66
Gifte 36
Glückshormone 25
Glucosinolate 75, 121
Glukose 22, 23
Glycerin 30
Glykogen 14, 15, 151
Glykogenreserven 15
Granatapfel 74
Grapefruit 34
Grundumsatz 14
Gurken 91, 165

Hafer 25
Haferflocken 32, 42
Hähnchen 29
Harndrang 36
Haushaltszucker 22
Haut 24, 26, 35, 42, 188
Heidelbeeren 188
Heilbutt 147
Heißhunger 23
Hering 68
Herz 24, 31, 36, 66, 83, 98, 106, 114, 130, 160, 166
Herz-Kreislauf-System 34, 44, 74, 156
Herzfrequenz 36
Hirnleistung 25
Hirse 24
Histidin 68
Hormone 26, 28, 30
Hormonhaushalt 22
Hülsenfrüchte 25, 27, 29, 32, 33
Hunger 22, 23, 146

Immunabwehr 26, 62, 76, 130
Immunsystem 28, 29, 32, 33, 34, 53, 68, 72, 187, 191
Ingwer 168
Insulin 17, 22, 23

Jakobsmuscheln 64
Iod 28, 31, 32, 64, 68, 147
Joghurt 20, 27, 28
Johannisbeeren 191

Kabeljau 95, 150
Kaffee 36
Kakaobohne 193
Kalbfleisch 62
Kalium 31, 32, 34, 36, 80, 82, 83, 89, 100, 106, 148
Kalorien, leere 18
Kalorienbedarf 14
Kalorienverbrauch, zusätzlicher, beim Sport 14, 15
Kalzium 28, 29, 31, 32, 33, 34, 36, 56, 105, 114, 137, 140, 187
Kardamom 104, 170
Karotten 57, 102
Kartoffeln 22, 23, 25, 27, 32, 82
Käse 30
Kichererbsen 29
Knoblauch 120, 168, 174
Knochen 28, 32, 33, 114, 137
Knochenbildung 32, 64, 102
Koffein 37, 170
Kohlenhydrate 15, 22 ff., 27, 29, 30, 34, 47, 88
Kohlenhydrate, gute 23
Kohlenhydrate, komplexe 14, 21, 42, 94
Kohlenhydrate, kurzkettige 22, 23
Kohlenhydrate, langkettige 22
Kohlenhydrate, schlechte 23
Kohlenhydratlieferanten 24
Kohlenhydratspeicher 128
Kohlenhydratstoffwechsel 83, 134, 150
Kohlrabi 142
Kombinationspräparate 33
Konzentration 36
Konzentrationsschwäche 16, 142
Koordination 36
Koordinationsgabe 25
Koordinationsschwäche 16
Kopfschmerzen 36
Körpertemperatur 36
Körperzellen 22, 26, 36
Kräuter 160
Krebs 29
Kreislauf 36, 66, 98, 164
Kuchen 22
Kümmel 54
Kupfer 42, 112, 118, 124
Kurkuma 156

Lachs 68, 95, 140
Lammfleisch 135
Lebensmittel, fettreduzierte 30
Lebensmittelqualität 18
Leber 14, 15, 22, 24, 30, 32, 33, 54, 129, 151
Leinöl 30, 31, 44
Leistung 36
Leistungseinbußen 16
Leistungsfähigkeit 18, 23, 28, 31, 33, 134, 176
Leistungsniveau 16
Leistungssportler 16, 26, 30
Lezithin 50, 126
Linsen 25, 33
Linsen, rote 83
Lipide 33
Lutein 72
Lycopin 70, 92, 136

Magnesium 24, 25, 31, 32, 33, 34, 36, 49, 82, 83, 90, 94, 100, 113, 126, 140, 169
Mahlzeiten 14, 15
Makrelen 66
Mandeln 193
Mangan 42
Mango 70
Maroni 88
Meeresfrüchte 64
Meerrettich 122
Mehl, weißes 22, 23
Mehrfachzucker 22
Mikronährstoffe 32, 34
Milch 32
Milcheiweiß 28
Milchprodukte 27, 33, 187
Milchzucker 28
Mineralstoffe 14, 18, 21, 24, 25, 32 ff, 36, 37, 74, 89, 101, 190, 194
Mineralwasser 37
Mittagsmahlzeit 15
Mittagstief 15
Monosaccharide 22
Müdigkeit 32, 142
Muskelaufbau 26, 62, 188
Muskelbewegung 28
Muskelfunktionen 28
Muskelkontraktion 26, 114
Muskelkrämpfe 16, 32
Muskelschwäche 32
Müsli 20, 23
Muskeln 14, 22, 26, 27, 28, 32, 36, 80, 126, 137, 151

Nachmittagsimbiss 18
Nährstoffbedarf 14
Nährstoffe 18, 21, 36
Nahrungsergänzung 14
Nahrungsergänzungsmittel 33
Nahrungsmittelqualität 38
Natrium 36, 100
Nerven 24, 32, 52, 80, 114, 126, 130, 164
Nervennahrung 22, 31
Nervensystem 28
Netzhaut 72
Niacin 150
Niedrigtemperatur 152
Nieren 27, 36, 130
Nierensteine 33
Noradrenalin 108
Nudeln 22, 128
Nüsse 30, 31

Obst 182
Obst und Gemüse 22, 23, 31, 32, 33, 34, 36
Ofenkartoffel 20
Okraschoten 100
Oktopus 155
Öle, ätherische 156, 160, 165, 185
Oliven 128
Olivenöl 30, 31, 98, 102, 152
Omega-3-Fettsäuren 30, 31, 44, 66, 68, 126, 140
Omega-6-Fettsäuren 30, 31
Organe 36

Pantothensäure 94, 150
Papaya 34
Paprikapulver 175
Paprikaschoten 34
Parmesan 105
Pektin 192
Penne Arrabbiata 21
Pfeffer, schwarzer 182
Pfifferlinge 142
Pflanzenöle, hochwertige 19
Pflanzenstoffe, sekundäre 19, 33, 84, 154, 194
Phenylalanin 108
Phosphor 84
Pilze 32, 125
Piperin 182
Pistazien 146
Pizza 21
Pochieren 39
Polyphenole 31, 128, 193
Polysaccharide 22
Pommes frites 20
Probiotika 33
Psyche 72
Pulpo 155
Pyridoxin 60, 95, 151

Qualität von Lebensmitteln 18 f.
Quark 28, 108, 188
Quercetin 192

Radieschen 75
Radikale, freie 34, 57, 132, 165, 182, 187
Radikalfänger 70, 86, 136, 175
Reis 23, 25, 113
Reis, ungeschälter 23
Reis, weißer 22
Riboflavin 150
Rinderfilet 60
Rindfleisch 29, 172
Rosinen 190
Rosmarin 164
Rote Bete 57
Rotwein 173
Rucola 76, 121

Saftschorle 37
Sahne 30
Salami 20
Salz 160
Sättigung 24, 25
Sättigungsgefühl 23
Sauerkraut 54
Sauerstoff 26, 36, 176
Sauerstofftransport 32, 33
Schilddrüsenhormone 64
Schinken (gekocht) 18, 20
Schnellkraft 25
Schokolade 172, 193

Schweinefleisch 33, 134
Schweiß 32, 36
Schwindel 36
Seezunge 151
Sehnen 26
Sehzellen 72
Selen 129, 132, 140, 155
Senf 63
Senföle 49, 75, 76, 84, 121, 122
Serotonin 172
Snack, kohlenhydrathaltiger 18
Sojabohnen 29
Spargel 73, 130
Spätnachmittagshoch 15
Spinat 126, 144
Sportarten 15
Sportarten, beliebte 15
Sporternährung, bedarfsgerechte 16
Sportlergetränke 36, 37
Sportlernahrung 14
Sprossen 162
Stärke 22, 25, 42, 106, 113, 128
Stimmung 24
Stimmungsaufheller 109
Stimmungsmacher 22
Stoffwechsel 23, 26, 30, 32, 47, 76, 91, 122, 130, 155, 163, 174, 187
Stoffwechselfunktionen 30
Stoffwechselhaushalt 22
Stress 68, 72, 108
Sulfide 110, 120
Süßigkeiten 22

Tee, ungesüßter 37
Thunfisch 31, 68
Tofu 29
Tomaten 70, 72, 92, 136
Tomatensaft 21
Tomatensauce 136
Training 14, 16, 17, 23, 37
Training und Ernährung 17
Trainingsphasen 15
Trainingsumsatz 14
Trinken 36, 37
Trinkmilch 56

Übelkeit 37
UV-Strahlung 57, 72

Vanille 104, 185
Veganer 27
Verdauung 22, 23, 37, 47, 76, 174
Verdauungsprobleme 16
Verweildauer im Magen 16
Vitamin A 32, 34, 57, 60, 102, 129
Vitamin B1 24, 32, 83
Vitamin B2 28, 134, 150
Vitamin B3 24, 150, 155
Vitamin B6 32, 60, 95, 151, 155, 172
Vitamin B12 28, 29, 32, 52, 148, 166
Vitamin C 25, 32, 33, 34, 54, 72, 82, 86, 118, 142, 160, 175, 187, 191, 192
Vitamin D 29, 32, 125, 142, 147
Vitamin E 28, 31, 32, 33, 34, 86
Vitamin K 102
Vitamine 14, 18, 21, 24, 25, 28, 32 ff., 74, 89, 101, 162, 194
Vitamine, fettlösliche 30, 33
Vitaminlieferanten 34
Vitaminmangel 32
Vitaminpillen 33
Vollkornbrot 23, 24, 45, 47
Vollkorngetreide 22, 23
Vollkornnudeln 25
Vollkornprodukte 32, 33
Vormittagshoch 15

Wachmacher 37
Wachstum 28, 64
Wachteleier 60
Walnüsse 126
Wasser 25, 36, 37
Wasserbedarf 36
Wasserhaushalt 35, 89, 100
Weißbrot 22
Weißmehlprodukte 24
Weizen 24
Wertigkeit, biologische 27, 28, 73, 105
Wettkampf 15, 16, 18, 23
Wettkampf und Ernährung 17
Wildfleisch 178
Wirsing 84
Wohlbefinden 19

Wurstwaren 30

Zähne 28, 114
Zander 143
Zeaxanthin 72
Zellalterung 86
Zellbildung 32, 57, 69
Zellen 26, 28
Zellschutz 74, 155, 156
Zellstoffwechsel 26, 142, 144
Zellteilung 148
Zink 29, 33, 35, 53, 62, 113, 121, 129, 163
Zitronenschale 63
Zubereitung, nährstoffschonende 14
Zucchini 118
Zucker 37, 49, 190
Zuckerarten 22
Zuckermoleküle 22
Zuckerschoten 69
Zweifachzucker 22
Zwiebeln 110
Zwischenmahlzeiten 15, 24

Bildnachweis:

Eising Studio – Food Photo & Video: Görlach, Martina: 19, 20 (l. o. Butter, M. l., M. r., l. u., r. u.), 21 (l. o., r. o., M. l.), 38–39 **fotolia:** Solev, Nicola: 17; babimu: 20 (l. o. Brezel); **Getty Images:** Pollex, Joern/ Bongarts: 7; Pretty, Adam: 11; **Liebenstein, Jana:** Porträt A. Schuhbeck (Cover); **Nielsen, Dr. Kai-Uwe:** 9; **StockFood:** Arras, Klaus: 37 (r.); Bellmann, Bine: 28 (M. r.); Beretta, Ilva: 35 (M. l.); Bischof, Harry: 28 (o.); Bonisolli, Barbara: 24 (o.); Castilho, Rua: 24 (u.); Dinner, Allison: 20 (o. r. Beeren); Duivenvoorden, Yvonne: 34 (u.); Eising Studio – Food Photo & Video: 4 (o. l.), 12–13, 24 (M. l.), 25 (M. l.), 34 (o., M. l.); Elms, Gerg: 28 (u.); Finley, Marc O.: 20 (r. o. Joghurt); Foodcollection: 21 (r. u.), 25 (M. r.), 31 (M. l., m. r.); Foodcollection GesmbH: 29 (u.); Foodfolio: 20 (r. o. Hafer); Gross, Petr: 25 (o.), 35 (u.); Gründemann, Eva: 29 (o.); Haigwood Studios: 35 (M. r.); Heinemann, Dieter: 34 (M. r.); Janssen, Valerie: 29 (M. r.); La Food – Thomas Dhellemmes: 35 (o.); Maximilian Stock Ltd.: 23, 27; 31 (o.), 33; Morgans, Gareth: 30; Norton, Jim: 25 (u.); Plewinski, Antje: 24 (M. r.), 29 (M. l.); Porst, Bernard: 21 (M. r.); Schieren, Bodo A.: 21 (l. u.); Schliack, Amos: 28 (M. l.); Twellmann, Birgit: 37 (l.); Wissing, Michael: 31 (u.)

Rezeptregister

Ananas, gegrillte, mit Kokosstreuseln und Minzjoghurt 184
Antipasti-Gemüse mit Paprika und Fenchel 98
Apfel-Karotten-Lassi mit Ingwer 57
Apfelstrudel mit Vanille-Kardamom-Sahne 192

Bandnudeln, grüne, mit Kalbsleber und Birne 129
Bauernbrot mit gebratenem Gemüse und gebeiztem Lachs 48
Bayerische Gemüsepfanne mit Pfifferlingen und Steinpilzen 101
»Bayern meets Bangkok« Weißwurstradeln auf Thai-Currysauce 174
Birnen-Lassi mit Roter Bete 57
Blumenkohlsuppe mit Safran und Vanille 80
Bohneneintopf, feuriger, mit Debrecziner 94
Brezenknödelsalat mit Pilzen und FC Bayern-Dressing 75
Bunte Früchte mit schwarzem Pfeffer 182
Buttermilch-Beeren-Shake 56

Chili-Kartoffeln mit Kräuterschmand 109
Couscoussalat mit Granatapfel und Harissa-Dip 74
Crème brulée auf klassische Art 185
Curry-Limetten-Aufstrich 45

Datteltomaten-Mango-Salat mit Schafskäse und Rucola 72
Dorade im Ganzen gebraten mit Fenchel und grünem Spargel 152

Entenbrust mit Orangen-Ingwer-Glasur und Asiagemüse 162

Farfalle mit Basilikum-Tomaten-Sauce 121
FC Bayern-Burger mit Senfdip 52
FC Bayern-Salat mit Fleischpflanzerl und Hähnchenbrust 76
Feuriger Bohneneintopf mit Debrecziner 94
Filetsteak mit Rosmarinsauce und Gartengemüse 168
Fischeintopf mit Curry und Gemüse 95
Fitnesseintopf von Gartengemüse 90
Flammkuchen mit Tomaten und Feta 114
Forellenfilet auf Meerrettichwirsing 148
Früchte, bunte, mit schwarzem Pfeffer 182
Fruchtige Gazpacho mit dreierlei Sommergemüse 92
Frühstücksquark mit bunten Beeren 44

Garnelen, karibische, mit Mango-Chutney 156
Gazpacho, fruchtige, mit dreierlei Sommergemüse 92
Gebratener Zander auf Linsen mit karamellisierter Birne 143
Gebratenes Kalbskotelett mit Gewürzbutter und Spargel-Pilz-Gemüse 166
Geeiste Gurken-Ingwer-Suppe mit knusprig gebratenen Croûtons 91
Gefüllte Wirsingblätter in Parmesanhülle 105
Grillte Ananas mit Kokosstreuseln und Minzjoghurt 184
Gegrillte Hendlkeulen mit Rosmarinkartoffeln 164
Gegrillter Pulpo mit gebratenen Kartoffeln 155
Gemüsepfanne, bayerische, mit Pfifferlingen und Steinpilzen 101
Gemüsesalat, grüner, mit Räucherforelle und Meerrettichjoghurt 69
Gemüsesuppe, vietnamesische, mit Hähnchen und Shiitake-Pilzen 89
Geräucherte Paprikasuppe mit Grillgemüse 86
Geschmorte Kalbsbackerl in würziger Sauce 173
Grüne Bandnudeln mit Kalbsleber und Birne 129
Grüner Gemüsesalat mit Räucherforelle und Meerrettichjoghurt 69
Gurken-Ingwer-Suppe, geeiste, mit knusprig gebratenen Croûtons 91

Hähnchen-Wrap mit Kräuterjoghurt und Walnüssen 53
Heilbutt mit Tomaten-Minz-Salsa auf Bohnen-Dill-Gemüse 147
Hendlkeulen, gegrillte, mit Rosmarinkartoffeln 164
Hirschrücken mit Selleriepüree und karamellisierten Kirschen 178

Jakobsmuscheln, roh marinierte, mit Roter Bete und Rettich 66
Johannisbeerkuchen mit Haselnüssen 191
Juwelenreis mit Rotbarsch und Limetten-Joghurt-Dip 146

Kabeljaufilet mit Sauce Rouille und Fenchel-Tomaten-Gemüse 150
Kaiserschmarren, karamellisierter, mit Rosinen und Mandeln 190
Kalbsbackerl, geschmorte, in würziger Sauce 173

REZEPTREGISTER

Kalbskotelett, gebratenes, mit Gewürzbutter 166
Kalbsschnitzel mit Erdnusssauce und Kartoffel-Birnen-Püree 169
Karamellisierter Kaiserschmarren mit Rosinen und Mandeln 190
Karibische Garnelen mit Mango-Chutney 156
Kartoffel-Gemüse-Curry mit Kurkuma und Koriander 106
Kartoffel-Ravioli auf Erbsen-Minz-Sauce 112
Kartoffelgröstl mit Hendl und Rostbratwürsteln 110
Kartoffeln mit Kräuter-Ei-Quark 108
Kartoffelsuppe mit Harissa und Champignons 82
Kräuterbrathendl mit Brezensalat 160

Lachsfilet mit Chili-Orangen-Butter und Gemüsesalat 140
Lachstatar mit Kartoffelspalten und Zitronen-Senf-Rahm 63
Lamm-Cannelloni mit Tomatensauce und Ras-el-Hanout 136
Lammrücken auf Paprikakraut 175
Lasagne mit Wildragout 137
Limetten-Linguine mit Garnelen 132

Makkaroni mit Spinat, Schafskäse und Walnüssen 126
Mango-Bananen-Drink 56
Maronensuppe mit Portwein 88
Mousse von der Pfeffermakrele mit marinierten Tomaten 66

Nizza-Salat mit frischem Thunfisch 68
»Nürn-Burger« mit Rahmkraut 54

Offenes Omelett mit Tomate, Mozzarella und Kräutersalat 50
Okraschoten und Pimientos de Padrón auf marokkanischer Tomatensauce 100
Omelett, offenes, mit Tomate, Mozzarella und Kräutersalat 50

Panna cotta mit marinierten Beeren 186
Pappardelle mit Ratatouille 118
Paprikasuppe, geräucherte 86
Penne in Meerrettichsauce mit Wurzelgemüse 122
Powermüsli mit Früchten 42
Powerriegel mit Cranberrys 49
Pulpo, gegrillter, mit gebratenen Kartoffeln 155

Räucherforellen-Aufstrich 45
Ragout von Edelfischen und Garnelen 154
Rehragout mit Pfifferlingen 176
Reispfanne mit Putenstreifen und Zaziki 165
Ricotta-Parmesan-Gnocchi in Karotten-Ingwer-Sauce 102
Rigatoni mit Tomaten, Rucola und Thunfisch 128
Rinder-Carpaccio mit Zitronenschmand 60
Rinderrouladen à la Schuhbeck 172
Risoni-Risotto mit gewürfeltem Lammrücken 135
Roastbeef mit Bratkartoffeln und Buttermilchremoulade 170
Roh marinierte Jakobsmuscheln mit Roter Bete und Rettich 64
Rote-Bete-Ravioli mit Mohn-Limetten Butter 124
Rote-Linsen-Suppe mit Kokosmilch 83

Safran-Orangen-Risotto mit dicken Bohnen und Calamari 113
Saiblingsfilet auf lauwarmem Kohlrabi-Pfifferlings-Gemüse 142
Schoko-Orangen-Kuchen mit Pistazien 193
Seeteufel auf Vanillespinat 144
Seezunge mit Kapern-Zitronen-Butter 151
Spaghetti mit FC Bayern-Bolognese 134
Spaghetti mit Knoblauch und Ingwer 120
Spargelsalat grün-weiß mit gekochtem Ei 73
Spinatknödel mit Gewürzöl 104
Spirelli mit grünem Spargel und Safran 130

Tagliatelle mit Pilzsauce 125
Tiramisu mit Amarettini und Beeren 194
Tomaten-Mozzarella-Salat mit Kräuterpesto und Feigen 72
Topfenmousse mit Heidelbeerkompott und Baiserbröseln 188

Vietnamesische Gemüsesuppe mit Hähnchen und Shiitake-Pilzen 89
Vitaminbrot mit Spiegelei 46
Vitello tonnato mit leichter Thunfisch-Kapern-Sauce 62

Wirsing-Petersilien-Suppe mit Parmesan 84
Wirsingblätter, gefüllte, in Parmesanhülle 105

Zander, gebratener, auf Linsen 143
Zitronenbackhendl mit Kartoffel-Gurken-Salat 163